ERSTE AUSGABE - Veröffentlicht 2022

Extra Grafikmaterial von: www.freepik.com
Dank an: Alekksall, Starline, Pch.vector, Rawpixel.com, Vectorpocket, Dgim-studio, Upklyak, Macrovector, Stockgiu, Pikisuperstar & Freepik.com Designers

Kostenlose Online-Spiele Entdecken

Hier Erhältlich:

BestActivityBooks.com/FREEGAMES

5 TIPPS FÜR DEN ANFANG!

1) LÖSUNG DER RÄTSEL

Die Puzzles haben ein klassisches Format :

- Die Wörter sind ohne Abstand, Bindetrich usw… versteckt
- Richtung : vor-& rückwärts, auf & ab oder in der Diagonale (beider Richtungen)
- Die Wörter können übereinanderliegen oder sich kreuzen

2) AKTIVES LERNEN

Neben jedem Wort ist ein Abstand vorgesehen zum Aufschreiben der Übersetzung. Um ihre Kenntnisse zu überprüfen und zu erweitern befindet sich am Ende des Buches ein **WÖRTERBUCH**. Suchen sie die Übersetzungen, schreiben sie sie auf, dann können sie sie in den. Puzzles suchen und ihrem Wortschatz hinzufügen.

3) ANZEICHNUNG DER WÖRTER

Haben sie schon einmal versucht eine Anzeichnung zu verwenden? Sie könnten zum Beispiel die Wörter, die schwer zu finden sind, ankreuzen, die Wörter, die sie lieben, mit einem Stern, neue Wörter mit einem Dreieck, seltene Wörter mit einem Diamant usw … anzeichnen

4) IHR LERNEN ORGANISIEREN

Am Ende dieser Ausgabe bieten wir auch ein praktisches **NOTIZBUCH** an. Ob im Urlaub, auf Reisen oder zu Hause, sie können ihr neues Wissen ganz einfach organisieren, ohne ein zweites Notizbuch zu benötigen!

5) SIND SIE AM SCHLUSS ?

Gehen sie zum Bonusbereich : **MONSTER-HERAUSFÖRDERUNG,** um ein kostenloses Spiel zu finden, das am Ende dieser Ausgabe angeboten wird !

Lust auf mehr Spaß und **Lernaktivitäten?** Schnell und einfach : eine ganze Spielbuchsammlung mit einem einzigen Klick erhaltbar :

Mit diesem Link finden sie ihre nächste Herausforderung :

BestActivityBooks.com/MeineNachsteWortsuche

Achtung, fertig, ... Los !!

Wussten sie, dass es auf der Welt ungefähr 7.000 verschiedene Sprachen gibt ? Wörter sind kostbar.

Wie lieben Sprachen und haben schwer daran gearbeitet, die Bücher von höchster Qualität für sie zu entwerfen. Unsere Zutaten ?

Eine Auswahl von angepassten Lernthemen, drei große Scheiben Spaß, dann fügen wir einen Löffel schwieriger Wörter und eine Prise seltener Wörter hinzu. Wir servieren sie mit Sorgfalt und ein Maximum an Freude, damit sie die besten Wortspiele lösen und Spaß am Lernen haben.

Ihre Meinung ist wichtig. Sie können aktiv zum Erfolg dieses Buches beitragen, indem sie uns eine Bemerkung hinterlassen. Sagen sie uns, was ihnen an dieser Ausgabe am besten gefallen hat !!

Hier ist ein kurzer Link, der sie zu ihrer Bewertungsseite führt

BestBooksActivity.com/Rezension50

Vielen Dank für ihre Hilfe und viel Spaß

Linguas Classics

1 - Ozean

```
V E R K D G K S C Á P A V D
D X M E O A M Ó K K O N I E
J U V E S R D E L V L G H L
J W T Y Z N C I D S I O A F
B K K J T É N Z T Ú P L R I
Z Á F N R L C R L U Z N U N
J Á L H I A D S Z I V A C S
O R T N G R Á K J T L S T T
C A W O A Á G O H O K B E L
L P E B N K U R J N H Z K T
L Á S N Z Y K A G H A L N Z
G L L I F O I L V A J N Ő S
Z Y X N Y Z K L P L Ó Z S P
H U L L Á M O K N Y A A H D
```

ANGOLNA	POLIP
OSZTRIGA	MEDÚZA
HAJÓ	ZÁTONY
DELFIN	SÓ
HAL	TEKNŐS
GARNÉLARÁK	SZIVACS
ÁRAPÁLY	VIHAR
CÁPA	TONHAL
KORALL	BÁLNA
RÁK	HULLÁMOK

2 - Schule #1

```
Z  C  R  R  O  I  M  T  I  Á  O  Y  K  U
M  E  R  B  H  H  B  Y  B  B  L  P  Ö  A
Y  R  B  A  R  Á  T  O  K  É  V  A  N  L
N  U  E  É  X  N  B  H  J  C  A  P  Y  M
B  Z  F  T  D  D  B  Z  B  É  S  Í  V  A
M  A  T  E  M  A  T  I  K  A  N  R  T  P
Z  T  O  L  L  V  T  O  Ö  V  I  U  Á  P
N  T  M  T  A  N  U  L  N  I  Í  V  R  Á
T  A  N  T  E  R  E  M  Y  Z  S  Z  É  K
K  N  F  A  S  T  Z  Ó  V  Z  E  C  J  C
V  Á  L  A  S  Z  O  K  E  P  P  Z  C  C
J  R  M  H  M  F  C  A  K  L  G  B  E  J
Í  R  Ó  A  S  Z  T  A  L  N  E  H  E  G
E  Z  D  G  M  P  L  V  I  Z  S  G  Á  K
```

ÁBÉCÉ	MATEMATIKA
VÁLASZOK	EBÉD
KÖNYVTÁR	MAPPÁK
CERUZA	PAPÍR
KÖNYVEK	VIZSGÁK
BARÁTOK	KVÍZ
TANTEREM	ÍRÓASZTAL
TANÁR	MÓKA
TANULNI	TOLL
OLVASNI	SZÉK

3 - Meditation

```
U  S  S  Z  Z  F  E  M  C  E  B  K  T  P
B  M  C  W  M  I  B  E  Y  G  É  Y  A  E
G  D  S  V  D  K  O  N  D  Y  K  J  N  R
S  H  U  W  J  J  L  T  N  Ü  E  J  Í  S
E  L  F  O  G  A  D  Á  S  T  N  M  T  P
B  R  R  D  C  V  O  L  Y  T  T  O  Á  E
C  P  N  G  S  G  G  I  U  É  A  Z  S  K
E  L  M  E  E  X  S  S  Y  R  N  G  O  T
Z  F  H  L  N  F  Á  Z  U  Z  U  Á  K  Í
H  K  K  A  D  F  G  E  S  É  L  S  S  V
N  Y  U  G  O  D  T  N  H  S  N  N  H  A
É  B  R  E  N  R  K  E  Á  N  I  F  B  A
F  I  G  Y  E  L  E  M  L  X  O  R  Y  Z
L  O  G  O  N  D  O  L  A  T  O  K  H  B
```

ELFOGADÁS	TANULNI
FIGYELEM	EGYÜTTÉRZÉS
MOZGÁS	ZENE
HÁLA	PERSPEKTÍVA
BÉKE	NYUGODT
GONDOLATOK	CSEND
MENTÁLIS	ELME
BOLDOGSÁG	ÉBREN
TANÍTÁSOK	

4 - Meisterschaft

```
I  B  A  J  N  O  K  S  Á  G  L  G  I  S
M  Z  D  Ö  N  T  Ő  S  S  B  É  I  J  X
E  D  Z  Ő  C  S  Y  I  P  Í  L  C  G  R
S  T  R  A  T  É  G  I  A  R  E  V  L  A
J  O  B  W  D  K  F  I  H  Ó  G  U  E  M
S  R  F  J  D  Á  I  X  P  L  E  B  O  O
M  N  L  N  D  T  S  T  B  N  Z  D  D  T
W  A  E  Z  Z  R  M  C  A  É  N  T  F  I
J  Á  T  É  K  O  K  S  J  R  I  P  F  V
D  G  L  A  Y  V  I  T  N  E  T  N  H  Á
S  P  O  R  T  U  C  C  O  M  L  Á  S  C
G  Y  Ő  Z  E  L  E  M  K  D  X  F  S  I
L  L  N  E  I  C  P  C  S  A  P  A  T  Ó
T  E  L  J  E  S  Í  T  M  É  N  Y  A  B
```

LÉLEGEZNI	TELJESÍTMÉNY
KITARTÁS	BÍRÓ
BAJNOK	IZZADÁS
DÖNTŐS	GYŐZELEM
LIGA	JÁTÉKOK
CSAPAT	SPORT
ÉREM	STRATÉGIA
BAJNOKSÁG	EDZŐ
MOTIVÁCIÓ	TORNA

5 - Insekten

```
B H K D N H L U F X M T F O
L X A M L Y E C N Y O Z É U
J P T M U V V T S A L O R N
O I I V É R É B T Ó Y U E I
K L C S V H L F O C T V G F
C L A T P I T H L G M Á G H
S A B R T K E D Á K Á S N V
Á N O K H M T A R A N R J Y
S G G H A S Ű R V B O L H A
K Ó Á R N R K Á A Ó O R W B
A Y R D G E Z Z M C C K L M
S Z Ú N Y O G S L A A J I K
S Z I T A K Ö T Ő R C G E G
S Z Ö C S K E T E R M E S Z
```

HANGYA
MÉH
LEVÉLTETŰ
BOLHA
SÁSKA
SZÖCSKE
CSÓTÁNY
BOGÁR
LÁRVA

SZITAKÖTŐ
KATICABOGÁR
MOLY
SZÚNYOG
PILLANGÓ
TERMESZ
DARÁZS
FÉREG
KABÓCA

6 - Dinosaurier

```
H M W E D X G Ő F M M P U F
E A É É R T K S O K I C P B
R M T R M S B K S I N N N T
Ő U S A E M Z O S S D F A J
S T R I L T K R Z Z E Ö N D
K R O V L M R I Í Á N L A R
R A P T O R A D L R E D G P
G O N O S Z K S I N V T Y K
B E F A R O K X Á Y Ő T V A
Z S Á K M Á N Y K A T Y I U
H Ü L L Ő U K B U K D L X D
E V O L Ú C I Ó H Ú S E V Ő
N Ö V É N Y E V Ő U A J G M
C I E L T Ű N É S T U U P C
```

MINDENEVŐ   NAGY
FAJ   MÉRET
ZSÁKMÁNY   ERŐS
GONOSZ   MAMUT
HATALMAS   NÖVÉNYEVŐ
FÖLD   ŐSKORI
EVOLÚCIÓ   RAPTOR
HÚSEVŐ   HÜLLŐ
SZÁRNYAK   FAROK
FOSSZÍLIÁK   ELTŰNÉS

7 - Obst

```
A D R U K S E M O K X Ő K S
N L T J B Ö Z X P I S S Ó Z
A N M N A D R I M V Á Z K Ő
N E Á A N B T T L I R I U L
Á K L R Á Y D T E V G B S Ő
S T N A N A I K S U A A Z M
Z A A N I R N E F G B R D G
S R P C H A N O O B A A I W
Z I B S J B Y Y Y I R C Ó P
W N J S O N E E V M A K C A
C S E R E S Z N Y E C A O P
Z I T A V O K Á D Ó K R T A
A B O G Y Ó S Z E D E R I J
C I T R O M L O G G F T H A
```

ANANÁSZ	KIVI
ALMA	KÓKUSZDIÓ
SÁRGABARACK	DINNYE
AVOKÁDÓ	NEKTARIN
BANÁN	NARANCS
BOGYÓ	PAPAJA
KÖRTE	ŐSZIBARACK
SZEDER	SZILVA
MÁLNA	SZŐLŐ
CSERESZNYE	CITROM

8 - Schule #2

```
W  H  E  L  C  E  R  U  Z  A  U  K  H  B
D  K  Á  O  T  A  N  U  L  Á  S  Ö  P  R
G  B  K  T  H  É  T  V  É  G  É  N  U  V
U  J  B  K  I  F  T  Y  E  T  G  Y  S  J
V  U  K  Ö  S  Z  Ó  T  Á  R  P  V  Z  A
U  O  G  N  V  X  S  O  K  T  A  T  Á  S
P  L  P  Y  T  O  T  Á  B  O  P  Á  M  I
N  V  I  V  O  T  F  A  K  L  Í  R  Í  R
M  A  X  E  O  L  L  Ó  N  L  R  R  T  O
U  S  P  K  T  U  D  O  M  Á  N  Y  Ó  D
J  Á  Y  T  F  Z  D  E  B  H  R  D  G  A
W  S  H  C  Á  X  O  F  W  S  R  K  É  L
B  U  S  Z  Y  R  A  D  Í  R  F  D  P  O
A  V  K  U  N  Y  E  L  V  T  A  N  I  M
```

KÖNYVTÁR	OLVASÁS
OKTATÁS	IRODALOM
CERUZA	PAPÍR
BUSZ	RADÍR
KÖNYVEK	HÁTIZSÁK
SZÁMÍTÓGÉP	OLLÓ
NYELVTAN	TOLL
NAPTÁR	TUDOMÁNY
TANÁR	HÉTVÉGÉN
TANULÁS	SZÓTÁR

9 - Spielzeuge

```
O  L  K  U  X  H  K  K  A  M  I  O  N  K
A  A  S  É  M  C  L  E  D  T  I  O  V  É
E  B  Á  R  P  R  Y  B  D  O  B  O  K  Z
S  D  R  O  G  Z  Z  X  I  V  Y  N  R  M
B  A  K  B  V  B  E  H  R  U  E  G  P  Ű
A  L  Á  O  L  C  D  L  E  G  O  N  K  V
B  A  N  T  G  D  C  E  E  Y  O  D  C  E
A  G  Y  A  G  M  M  B  B  T  R  K  V  S
P  U  Z  Z  L  E  J  Á  T  É  K  O  K  S
G  K  Ö  N  Y  V  E  K  V  O  N  A  T  É
H  R  E  P  Ü  L  Ő  G  É  P  L  D  K  G
P  A  U  T  Ó  K  E  R  É  K  P  Á  R  A
X  N  J  C  E  R  U  Z  Á  K  F  J  E  V
R  R  L  Ó  S  A  K  K  N  Z  Z  N  T  H
```

AUTÓ	KAMION
LABDA	KÉPZELET
HAJÓ	BABA
CERUZÁK	PUZZLE
KÖNYVEK	ROBOT
SÁRKÁNY	SAKK
KERÉKPÁR	DOBOK
KEDVENC	JÁTÉKOK
REPÜLŐGÉP	AGYAG
KÉZMŰVESSÉG	VONAT

10 - Komödie

```
T O I D Y T N M G R F K K I
G A R S A E E I Ű S M I Ö M
I Z P R A L V J C F V F Z P
I P V S B E E I W C A E Ö R
B O S P O V T L H U V J N O
S X Z Z H Í É V I C C E S V
H U A Y Ó Z S T I O M Z É I
B U D B C I Z H W Z N Ő G Z
L C M G O Ó Í V I C C E K Á
E L B O K G N F E C Y F B C
D P O Y R K H H U W D E U I
M Ó K A P W Á P E N D T V Ó
G F O R X S Z Í N É S Z N Ő
G B S Y S P A R Ó D I A O Y
```

TAPS	VICCES
KIFEJEZŐ	NEVETÉS
BOHÓCOK	PARÓDIA
TELEVÍZIÓ	KÖZÖNSÉG
MŰFAJ	SZÍNÉSZNŐ
HUMOR	MÓKA
IMPROVIZÁCIÓ	SZÍNHÁZ
OKOS	VICCEK

11 - Camping

K	L	T	K	A	B	I	N	B	E	Z	J	L	F
Ö	Á	E	A	T	T	B	O	O	O	R	B	B	Ü
T	M	R	R	Z	T	É	R	K	É	P	D	G	G
É	P	M	E	O	M	L	F	R	H	Y	C	Ő	G
L	A	É	I	B	V	A	E	T	O	O	K	F	Ő
G	E	S	R	D	A	A	B	V	Y	E	L	S	Á
T	G	Z	Á	N	D	E	R	K	I	H	A	D	G
Ű	K	E	N	U	Á	L	L	A	T	O	K	E	Y
Z	S	T	Y	E	S	K	A	L	A	N	D	G	U
D	Á	F	T	W	Z	J	H	A	B	M	K	S	O
Y	T	C	Ű	A	A	G	F	P	W	R	T	J	W
W	O	J	G	Y	T	D	T	A	B	M	Ó	K	A
T	R	C	H	E	G	Y	E	D	I	O	K	X	G
F	C	I	X	R	W	W	M	E	O	L	O	Z	L

KALAND	IRÁNYTŰ
HEGY	LÁMPA
TŰZ	HOLD
FÜGGŐÁGY	TERMÉSZET
KALAP	TÓ
ROVAR	KÖTÉL
VADÁSZAT	MÓKA
KABIN	ÁLLATOK
KENU	ERDŐ
TÉRKÉP	SÁTOR

12 - Zeit

```
M  U  L  É  H  É  T  B  N  T  O  C  U  C
A  O  O  K  V  P  W  H  A  B  I  W  A  N
Z  A  S  U  O  E  W  Ó  P  X  E  K  B  A
L  L  X  T  S  R  S  R  T  E  G  N  A  P
P  K  H  Á  W  C  Z  A  E  E  L  Ő  T  T
G  J  Y  N  L  T  N  F  K  G  D  N  S  Á
É  J  S  Z  A  K  A  S  H  C  G  R  P  R
V  Ö  B  K  O  O  H  Z  G  W  T  E  F  H
T  V  A  T  P  R  E  Á  H  H  Y  H  L  Ó
I  Ő  Z  T  V  A  Z  Z  O  D  F  A  M  N
Z  U  B  K  F  I  F  A  N  E  Y  C  R  A
E  S  P  W  É  V  J  D  C  S  B  J  L  P
D  H  V  Y  Z  C  C  É  O  H  A  U  L  E
G  Y  G  P  K  F  T  L  H  B  G  F  E  K
```

KORAI	DÉL
TEGNAP	HÓNAP
MA	REGGEL
ÉV	UTÁN
SZÁZAD	ÉJSZAKA
ÉVTIZED	NAP
ÉVES	ÓRA
MOST	ELŐTT
NAPTÁR	HÉT
PERC	JÖVŐ

13 - Säugetiere

```
F  P  K  E  N  G  U  R  U  G  J  U  H  V
A  R  R  L  L  Z  E  B  R  A  O  N  Ó  T
R  É  X  F  X  E  Y  G  M  J  M  U  D  W
K  R  Z  K  Z  L  F  P  Z  R  I  F  G  R
A  I  X  O  G  A  I  Á  R  P  W  I  R  B
S  F  V  R  O  I  X  B  N  B  Á  L  N  A
E  A  G  O  R  C  J  T  Y  T  R  H  M  P
K  R  Z  S  I  R  Á  F  I  F  L  Z  E  A
B  K  Z  Z  L  U  Ó  X  Z  G  W  S  D  T
U  A  U  L  L  B  I  K  A  C  R  T  V  K
P  S  Z  Á  A  D  U  U  A  P  G  I  E  Á
L  Ó  U  N  V  U  V  T  Y  J  H  E  S  N
W  D  N  P  J  M  V  Y  F  U  H  F  E  Y
P  Á  R  D  U  C  M  A  J  O  M  A  U  B
```

MAJOM	OROSZLÁN
MEDVE	PÁRDUC
HÓD	LÓ
ELEFÁNT	PATKÁNY
RÓKA	JUH
ZSIRÁF	BIKA
GORILLA	TIGRIS
KUTYA	BÁLNA
KENGURU	FARKAS
PRÉRIFARKAS	ZEBRA

14 - Astronomie

```
B  M  C  W  B  S  N  C  L  Z  R  P  F  I
O  E  S  K  D  N  L  S  S  X  V  U  C  W
L  T  I  W  J  K  X  I  M  Ű  H  O  L  D
Y  E  L  T  M  P  J  L  R  P  F  W  H  O
G  O  L  G  Á  Á  L  L  A  T  Ö  V  O  K
Ó  R  A  O  Y  V  N  A  W  I  L  T  L  Ö
J  N  G  O  D  T  C  G  W  R  D  Ű  D  D
F  X  Á  M  N  Y  D  S  I  E  Z  R  I  F
R  S  S  L  M  F  S  B  Ő  W  É  H  W  O
A  S  Z  T  E  R  O  I  D  A  G  A  U  L
K  O  Z  M  O  S  Z  J  F  E  X  J  A  T
É  N  A  P  S  Z  U  P  E  R  N  Ó  V  A
T  Ü  S  T  Ö  K  Ö  S  S  A  E  S  N  P
A  C  S  I  L  L  A  G  K  É  P  Y  Y  J
```

ASZTEROIDA	KÖDFOLT
ŰRHAJÓS	BOLYGÓ
CSILLAGÁSZ	RAKÉTA
FÖLD	MŰHOLD
ÉG	NAP
ÜSTÖKÖS	CSILLAG
CSILLAGKÉP	SZUPERNÓVA
KOZMOSZ	TÁVCSŐ
METEOR	ÁLLATÖV
HOLD	

15 - Ballett

```
G  K  B  J  T  S  B  A  L  E  R  I  N  A
E  É  J  O  Á  K  Z  K  E  C  S  E  S  M
S  S  A  C  N  P  R  Ó  B  A  A  K  K  C
Z  Z  C  P  C  G  M  S  L  I  Z  M  O  K
T  S  Y  A  O  H  V  E  U  Ó  Y  W  I  N
U  É  P  X  S  T  Í  L  U  S  N  S  Z  R
S  G  S  K  O  R  E  O  G  R  Á  F  I  A
T  A  P  S  K  I  F  E  J  E  Z  Ő  Z  Z
I  N  T  E  N  Z  I  T  Á  S  X  K  E  E
Z  E  N  E  S  Z  E  R  Z  Ő  Z  P  N  N
M  Ű  V  É  S  Z  I  F  C  W  H  E  E  E
K  Ö  Z  Ö  N  S  É  G  O  J  J  W  K  J
S  P  N  F  N  T  E  C  H  N  I  K  A  W
H  O  B  A  D  J  R  I  T  M  U  S  R  N
```

KECSES	ZENE
TAPS	IZMOK
KIFEJEZŐ	ZENEKAR
BALERINA	PRÓBA
KOREOGRÁFIA	KÖZÖNSÉG
KÉSZSÉG	RITMUS
GESZTUS	SZÓLÓ
INTENZITÁS	STÍLUS
ZENESZERZŐ	TÁNCOSOK
MŰVÉSZI	TECHNIKA

16 - Strand

```
F  Ó  U  O  W  H  E  S  E  R  N  Y  Ő  S
V  C  T  T  P  A  R  T  Z  N  I  W  A  J
I  E  D  P  H  J  Á  P  N  A  A  D  E  I
T  Á  H  F  E  Ó  K  W  O  A  N  P  G  X
O  N  Z  Á  T  O  N  Y  I  P  P  D  U  M
R  V  J  K  E  J  I  Z  M  W  K  N  Á  M
L  A  G  Ú  N  A  J  H  O  X  S  Y  N  L
Á  D  L  M  G  D  O  K  K  H  Z  A  M  K
S  E  J  B  E  B  U  T  A  O  I  R  X  E
H  E  H  C  R  P  L  J  R  M  G  A  J  D
T  Ö  R  Ü  L  K  Ö  Z  Ő  O  E  L  S  J
R  A  A  P  P  T  Z  V  N  K  T  Á  O  E
Ú  S  Z  N  I  K  É  K  E  D  G  S  I  F
M  D  I  T  I  U  A  G  E  T  M  S  A  M
```

KÉK	ÓCEÁN
HAJÓ	ESERNYŐ
DOKK	ZÁTONY
TÖRÜLKÖZŐ	HOMOK
SZIGET	SZANDÁL
RÁK	ÚSZNI
PART	VITORLÁS
LAGÚNA	NAP
TENGER	NYARALÁS

17 - Restaurant #1

```
D D W R J X V H Y D Z P T U
F O G L A L Á S Ú C A F D T
Z M H M D T T A C S I R K E
I P É L E L M I S Z E R I E
S E T D S N A R Z Ó X U O E
F K Á X S M Ü N R S G M O G
A O N I Z H D K E Z O F X F
L N Y O E D K E N Y É R R Ű
L Y É T R P É N Z T Á R O S
E H R G T K Á V É K É S Z Z
R A S Z A L V É T A T X O E
G P I N C É R N Ő Á D U C R
I P L C K O K H W R L C J E
A N J E W R R X J O C C N S
```

ALLERGIA	KONYHA
KENYÉR	MENÜ
DESSZERT	KÉS
ÉLELMISZER	FOGLALÁS
HÚS	TÁL
CSIRKE	SZALVÉTA
KÁVÉ	SZÓSZ
PÉNZTÁROS	TÁNYÉR
PINCÉRNŐ	FŰSZERES

18 - Geologie

```
L E R Ó Z I Ó Y K B A B W K
B Á N V L V M D V N Z Y F O
I H V L A B D C A X B W Ö R
F H W A Y D O A R E T B L A
V F E N N S Í K C I D K D L
U P O S K W S G E J Z Í R L
L F L A L B M K R P U U E N
K Ő V V S D W B A R L A N G
Á A A N Ó H U L F L K N G Y
N F D Z Ó N A U P B C O É N
O B T L C S E P P K Ő I S R
S Z T A L A G M I T O K U G
F O S S Z I L I S M F Z J M
K O N T I N E N S S T H I S
```

FÖLDRENGÉS	FENNSÍK
ERÓZIÓ	KVARC
FOSSZILIS	SÓ
OLVADT	SAV
GEJZÍR	SZTALAGMITOK
BARLANG	CSEPPKŐ
KALCIUM	KŐ
KONTINENS	VULKÁN
KORALL	ZÓNA
LÁVA	

19 - Wissenschaft

```
G  C  T  E  R  M  É  S  Z  E  T  U  É  M
S  R  X  M  T  É  E  F  P  O  P  M  G  O
Z  N  A  D  A  T  S  I  O  A  F  R  H  L
E  Ö  M  V  W  A  U  Z  J  H  M  N  A  E
R  V  F  F  I  C  P  I  E  O  Ó  E  J  K
V  É  O  O  F  T  W  K  U  C  D  M  L  U
E  N  S  L  Y  I  Á  A  Y  T  S  B  A  L
Z  Y  S  B  Ú  G  R  C  D  U  Z  K  T  Á
E  E  Z  B  A  C  K  U  I  D  E  É  É  K
T  K  I  T  G  B  I  B  C  Ó  R  M  T  K
C  S  L  A  T  O  M  Ó  V  S  J  I  É  F
T  H  I  P  O  T  É  Z  I  S  F  A  N  O
K  Í  S  É  R  L  E  T  M  C  H  I  Y  X
L  A  B  O  R  A  T  Ó  R  I  U  M  G  Z
```

ATOM	MOLEKULÁK
KÉMIAI	TERMÉSZET
ADAT	SZERVEZET
EVOLÚCIÓ	RÉSZECSKÉK
KÍSÉRLET	NÖVÉNYEK
FOSSZILIS	FIZIKA
HIPOTÉZIS	GRAVITÁCIÓ
ÉGHAJLAT	TÉNY
LABORATÓRIUM	TUDÓS
MÓDSZER	

20 - Bildende Kunst

```
S  T  H  D  G  I  W  R  P  G  F  J  M  V
É  T  N  F  L  W  T  V  E  O  É  S  E  I
P  X  E  K  I  A  R  X  R  K  N  Z  S  A
Í  O  L  N  G  W  J  V  S  E  Y  O  T  S
T  M  F  P  C  L  W  N  P  R  K  B  E  Z
É  K  A  O  F  I  L  M  E  Á  É  O  R  V
S  R  S  R  E  Y  L  H  K  M  P  R  M  N
Z  É  Z  T  S  A  E  P  T  I  R  L  Ű  R
E  T  É  R  T  C  W  M  Í  A  G  Y  A  G
T  A  N  É  M  N  E  A  V  W  R  X  Z  A
L  M  Ű  V  É  S  Z  R  A  Y  R  W  C  V
A  F  K  T  N  R  S  P  U  T  O  L  L  X
K  E  N  L  Y  Z  O  I  X  Z  S  F  O  X
K  B  W  W  I  R  D  W  S  K  A  B  K  D
```

ÉPÍTÉSZET	LAKK
CERUZA	MESTERMŰ
FILM	PERSPEKTÍVA
FÉNYKÉP	PORTRÉ
FESTMÉNY	STENCIL
FASZÉN	SZOBOR
KERÁMIA	TOLL
KRÉTA	AGYAG
MŰVÉSZ	VIASZ

21 - Sport

```
J  J  N  H  K  G  X  G  O  E  Z  B  E  M
R  Á  W  H  O  K  I  H  Y  E  D  Z  Ő  O
Z  T  F  G  S  A  T  L  E  Ő  M  Y  E  Z
P  É  S  J  Á  T  É  K  O  S  Z  X  P  G
L  K  T  K  R  L  D  X  F  T  W  T  T  Á
G  V  A  E  L  É  I  O  V  D  O  C  E  S
G  E  D  R  A  T  E  R  T  V  L  R  Z  S
P  Z  I  É  B  A  S  E  B  A  L  L  N  J
C  E  O  K  D  J  Y  K  Ú  G  K  M  G  A
S  T  N  P  A  Á  M  N  S  R  O  Y  H  D
A  Ő  L  Á  X  T  S  X  Z  V  L  L  B  T
P  N  Z  R  F  É  I  V  N  J  J  C  F  H
A  G  V  I  B  K  C  L  I  I  L  D  Z  J
T  E  N  I  S  Z  J  K  W  Z  R  W  U  M
```

ATLÉTA
BASEBALL
KOSÁRLABDA
MOZGÁS
HOKI
KERÉKPÁR
GYŐZTES
GOLF
TORNA

CSAPAT
JÁTÉKVEZETŐ
ÚSZNI
JÁTÉK
JÁTÉKOS
STADION
TENISZ
EDZŐ

22 - Mythologie

```
K  V  I  L  L  Á  M  L  S  T  N  K  F  M
F  J  C  A  X  G  B  E  Z  E  O  U  É  E
D  F  X  B  Z  D  O  G  Ö  R  D  L  L  N
M  Á  G  I  K  U  S  E  R  E  N  T  T  N
Y  E  E  R  P  F  S  N  N  M  H  Ú  É  Y
Z  R  N  I  W  J  Z  D  Y  T  A  R  K  H
Y  Ő  J  N  M  N  Ú  A  P  M  R  A  E  Ő
O  H  B  T  Y  V  O  G  J  É  C  B  N  S
H  A  F  U  G  D  M  Z  G  N  O  T  Y  N
G  L  D  S  H  H  Ö  A  N  Y  S  Z  S  F
K  A  T  A  S  Z  T  R  Ó  F  A  L  É  F
R  N  E  D  I  W  K  P  G  P  Z  Z  G  U
J  D  K  T  E  R  E  M  T  É  S  L  B  X
K  Ó  D  I  A  D  A  L  M  A  S  M  X  O
```

VILLÁM	KULTÚRA
MENNYDÖRGÉS	LABIRINTUS
FÉLTÉKENYSÉG	LEGENDA
HŐS	MÁGIKUS
MENNY	SZÖRNY
KATASZTRÓFA	BOSSZÚ
TEREMTÉS	ERŐ
TEREMTMÉNY	HALANDÓ
HARCOS	DIADALMAS

23 - Restaurant #2

```
F  O  E  W  O  O  K  I  T  A  L  T  H  P
I  Ű  V  I  L  L  A  D  S  O  G  F  U  I
N  U  S  A  W  P  N  U  Z  Z  R  O  H  N
O  V  Í  Z  C  A  Á  A  É  X  A  T  X  C
M  U  M  Y  E  S  L  Z  K  R  O  W  A  É
F  V  O  A  B  R  O  D  L  S  D  S  Ó  R
X  S  B  K  É  Z  E  R  E  M  G  S  Y  J
U  E  J  U  D  T  C  K  A  E  Y  T  Y  K
H  A  L  E  L  Ő  É  T  E  L  Ü  É  E  P
Z  Ö  L  D  S  É  G  E  K  Z  M  S  R  N
L  E  V  E  S  E  G  T  B  N  Ö  Z  R  C
J  É  G  Y  G  X  J  Y  L  B  L  T  W  F
C  V  W  F  Z  L  G  X  E  K  C  A  R  Z
Z  N  I  P  S  A  L  Á  T  A  S  D  L  E
```

VACSORA	TORTA
JÉG	KANÁL
HAL	EBÉD
GYÜMÖLCS	TÉSZTA
VILLA	SALÁTA
ZÖLDSÉGEK	SÓ
ITAL	SZÉK
FŰSZEREK	LEVES
PINCÉR	ELŐÉTEL
FINOM	VÍZ

24 - Ökologie

```
X U E N Ö V É N Y Z E T D E
E Y W T K V P G T Y R N L A
É L Ő H E L Y K H E G Y E K
V A V S X W F A F A U N A H
Ö N K É N T E S E K J G K P
T E R M É S Z E T E S L T I
T E N G E R I P A W X S A N
S I G L O B Á L I S W I O T
E N Ö V É N Y E K P Z R I X
T Ú L É L É S M O C S Á R N
N Ö V É N Y V I L Á G J L D
K Ö Z Ö S S É G E K O A N Y
K F L K D Y F O R R Á S O K
T E R M É S Z E T Z F A J C
```

FAJ

HEGYEK

ASZÁLY

FAUNA

NÖVÉNYVILÁG

ÖNKÉNTESEK

KÖZÖSSÉGEK

GLOBÁLIS

ÉGHAJLAT

ÉLŐHELY

TENGERI

TERMÉSZET

TERMÉSZETES

NÖVÉNYEK

FORRÁSOK

MOCSÁR

TÚLÉLÉS

NÖVÉNYZET

25 - Schokolade

```
Y D F N E W O U K A D R W J
K M I N Ő S É G A N M E Z V
E E C A R Z W J L T K C E Z
S N D W É D E S Ó I A E K M
E N J V N F C N R O R P O R
R I V S E I T G I X A T Z S
Ű L G V M N X A A I M V R Ó
J U N V W O C R B D E I V V
C H N G K M T O R Á L J D Á
J U B P B K J M L N L J J R
E T K R S P V A C S F S P G
E G Z O T I K U S L D E Í Á
M F O A R C K A K A Ó X Z S
X F S V K Ó K U S Z D I Ó W
```

ANTIOXIDÁNS	KARAMELL
AROMA	KÓKUSZDIÓ
KESERŰ	FINOM
ENNI	POR
EGZOTIKUS	MINŐSÉG
KEDVENC	RECEPT
ÍZ	ÉDES
KAKAÓ	SÓVÁRGÁS
KALÓRIA	CUKOR

26 - Boote

```
M  O  T  O  R  F  O  L  Y  Ó  W  C  L  T
E  T  Ó  F  D  D  B  H  M  L  F  A  G  Z
N  U  Z  V  O  L  E  G  É  N  Y  S  É  G
T  T  R  A  K  A  J  A  K  Ö  T  É  L  S
Ő  A  R  I  K  L  V  I  T  O  R  L  Á  S
C  J  A  C  H  T  K  C  T  E  L  S  D  L
S  O  J  N  E  F  Z  K  G  P  N  O  V  U
Ó  E  J  H  U  L  L  Á  M  O  K  G  T  E
N  L  U  U  O  Á  B  Ó  J  A  T  L  E  P
A  J  T  R  V  R  T  M  K  I  V  T  N  R
K  K  O  M  P  B  G  N  Z  E  E  W  G  H
W  J  R  R  T  O  P  O  B  E  N  O  E  K
Z  P  W  V  Ó  C  E  Á  N  U  K  U  R  D
Y  K  S  T  L  J  W  F  N  Y  J  Y  I  M
```

HORGONY	TENGER
BÓJA	MOTOR
LEGÉNYSÉG	TENGERI
DOKK	ÓCEÁN
KOMP	MENTŐCSÓNAK
TUTAJ	TÓ
FOLYÓ	VITORLÁS
KAJAK	KÖTÉL
KENU	HULLÁMOK
ÁRBOC	JACHT

27 - Stadt

```
K  Ö  N  Y  V  E  S  B  O  L  T  C  L  F
V  I  R  Á  G  Á  R  U  S  F  L  I  P  K
U  C  J  E  G  G  M  Ú  Z  E  U  M  H  F
K  Ö  N  Y  V  T  Á  R  U  A  Y  Z  K  E
D  Y  X  P  F  Z  J  Z  P  É  K  S  É  G
S  I  S  K  O  L  A  R  E  S  L  M  G  Y
S  Z  P  I  A  C  W  E  R  T  I  O  A  E
Z  M  Í  V  S  X  T  P  M  A  N  Z  L  T
Á  B  C  N  B  E  B  Ü  A  D  I  I  É  E
L  I  A  Y  H  S  R  L  R  I  K  W  R  M
L  T  O  N  Y  Á  E  Ő  K  O  A  F  I  N
O  Y  G  P  K  J  Z  T  E  N  B  B  A  P
D  J  R  T  K  J  F  É  T  T  E  R  E  M
A  K  C  A  I  V  S  R  J  D  B  L  D  G
```

BANK
PÉKSÉG
KÖNYVTÁR
VIRÁGÁRUS
KÖNYVESBOLT
REPÜLŐTÉR
GALÉRIA
SZÁLLODA
MOZI

KLINIKA
PIAC
MÚZEUM
ÉTTEREM
ISKOLA
STADION
SZUPERMARKET
SZÍNHÁZ
EGYETEM

28 - Aktivitäten

```
S  Y  Y  Y  F  M  O  B  G  X  R  G  Ö  T
M  Z  E  V  M  X  Ű  P  I  S  D  N  R  E
O  A  A  U  U  O  L  V  A  S  Á  S  Ö  V
R  W  Y  B  V  P  V  A  É  V  K  P  M  É
T  Á  N  C  A  X  R  R  O  S  É  C  V  K
M  N  H  V  A  D  D  N  Y  K  Z  K  K  E
Á  B  D  H  T  T  I  G  Z  E  M  E  Ö  N
G  V  A  R  R  Á  S  D  J  R  Ű  M  T  Y
I  J  Á  T  É  K  O  K  Ő  Á  V  P  É  S
A  F  E  S  T  M  É  N  Y  M  E  I  S  É
V  A  D  Á  S  Z  A  T  J  I  S  N  O  G
T  Ú  R  Á  Z  Á  S  M  M  A  S  G  P  D
C  F  É  N  Y  K  É  P  E  Z  É  S  Y  C
H  A  L  Á  S  Z  A  T  P  B  G  S  J  K
```

TEVÉKENYSÉG	KÉZMŰVESSÉG
HALÁSZAT	OLVASÁS
KEMPING	MÁGIA
FÉNYKÉPEZÉS	VARRÁS
SZABADIDŐ	JÁTÉKOK
FESTMÉNY	KÖTÉS
VADÁSZAT	TÁNC
KERÁMIA	ÖRÖM
MŰVÉSZET	TÚRÁZÁS

29 - Bienen

```
N  B  S  F  S  Z  Á  R  N  Y  A  K  A  V
Ö  E  V  Ü  Z  O  É  L  Ő  H  E  L  Y  I
V  P  L  S  V  W  K  E  R  T  R  A  J  A
É  O  W  T  I  I  B  F  Y  C  X  F  Y  S
N  R  P  V  W  O  R  S  É  P  J  B  E  Z
Y  Z  O  I  W  C  T  Á  C  L  O  Z  Y  L
E  Ó  L  R  D  R  P  P  G  P  E  M  É  Z
K  S  L  Á  K  A  P  T  Á  R  L  S  U  T
X  F  E  G  S  P  B  F  X  P  Ő  J  É  K
U  F  N  O  C  A  J  N  M  W  N  S  X  G
E  W  N  K  U  K  I  R  Á  L  Y  N  Ő  I
R  O  V  A  R  D  G  Y  Ü  M  Ö  L  C  S
D  T  D  N  P  C  R  X  E  O  S  M  Z  R
Ö  K  O  S  Z  I  S  Z  T  É  M  A  R  Y
```

BEPORZÓ
KAPTÁR
VIRÁGOK
VIRÁG
SZÁRNYAK
GYÜMÖLCS
KERT
MÉZ
ROVAR
KIRÁLYNŐ

ÉLŐHELY
ÖKOSZISZTÉMA
NÖVÉNYEK
POLLEN
FÜST
RAJ
NAP
SOKFÉLESÉG
ELŐNYÖS
VIASZ

30 - Wissenschaftliche Disziplinen

```
P S Z I C H O L Ó G I A F F
C S I L L A G Á S Z A T U I
D N E U R O L Ó G I A R M Z
M Y Á S V Á N Y T A N K S I
A E P B I O L Ó G I A O B O
N L C K É M I A B P N M O L
A V L H Ö K O L Ó G I A T Ó
T É C X A G E O L Ó G I A G
Ó S K V X N P P F W L J N I
M Z I J A M I Y O L Y O I A
I E T L M N L K S C A I K L
A T I L Y F H X A N Y W A X
B I O K É M I A W T U V O U
I M M U N O L Ó G I A R O E
```

ANATÓMIA
CSILLAGÁSZAT
BIOKÉMIA
BIOLÓGIA
BOTANIKA
KÉMIA
GEOLÓGIA
IMMUNOLÓGIA

NYELVÉSZET
MECHANIKA
ÁSVÁNYTAN
NEUROLÓGIA
ÖKOLÓGIA
FIZIOLÓGIA
PSZICHOLÓGIA

31 - Vögel

```
B  V  F  K  B  V  F  K  W  H  H  H  T  U
X  D  L  V  A  R  J  Ú  G  A  L  A  M  B
I  L  A  U  G  K  Y  U  G  G  A  T  O  W
R  U  M  T  O  N  U  R  O  C  J  T  P  F
Z  W  I  A  L  V  L  K  W  X  V  Y  J  R
B  R  N  T  Y  E  P  X  K  X  C  Ú  M  Z
I  S  G  S  I  R  Á  L  Y  T  F  C  D  F
T  L  Ó  N  B  É  V  P  E  L  I  K  Á  N
W  O  A  L  I  B  A  A  C  S  I  R  K  E
U  E  J  S  A  S  K  P  G  Z  G  É  M  H
E  S  R  Á  K  S  S  A  X  Y  Ó  C  E  O
U  Z  I  W  S  V  H  G  C  V  L  N  K  L
P  I  N  G  V  I  N  Á  I  S  Y  P  T  L
W  Y  L  T  D  V  V  J  Y  Z  A  D  K  Ó
```

SAS	PAPAGÁJ
TOJÁS	PELIKÁN
KACSA	PÁVA
BAGOLY	PINGVIN
FLAMINGÓ	HOLLÓ
LIBA	GÉM
CSIRKE	HATTYÚ
VARJÚ	VERÉB
KAKUKK	GÓLYA
SIRÁLY	GALAMB

32 - Garten

```
G Y E P T U G Y O M O K K G
Y K A P V O J W A F Z T R E
Ü E Z I O E R G H I E D P R
M R V G L S U N F Y I T M E
Ö Í N N I S P L Á X J B L B
L T X F A T A V A C S K A L
C É F Ü Ű E D I R B M Y P Y
S S B G X R H R H I O V Á E
Ö O R G G A R Á Z S F K T A
S A E Ő Y S O G F K D T O V
G R Z Á L Z G M T E A Ö P R
P X C G V X X O V R B M G G
Y B G Y S F M L X T A L A J
T R A M B U L I N Y R Ő N F
```

PAD	GYEP
FA	GEREBLYE
VIRÁG	LAPÁT
TALAJ	TÖMLŐ
BOKOR	TAVACSKA
GARÁZS	TERASZ
KERT	TRAMBULIN
FŰ	GYOMOK
FÜGGŐÁGY	TORNÁC
GYÜMÖLCSÖS	KERÍTÉS

33 - Antarktis

```
F  É  L  S  Z  I  G  E  T  H  Y  L  D  M
I  H  M  E  X  P  E  D  Í  C  I  Ó  W  I
R  V  V  K  U  T  A  T  Ó  K  A  G  W  G
I  H  T  Í  M  K  T  S  I  O  K  L  A  R
D  M  I  K  Z  C  N  Z  K  N  Ö  R  B  Á
Ő  F  A  Y  N  G  A  I  D  T  R  M  T  C
J  S  Ö  D  P  I  N  G  V  I  N  E  K  I
Á  Z  B  L  A  H  X  E  Z  N  Y  G  D  Ó
R  I  Ö  F  D  R  I  T  E  E  Ő  Y  P
Á  K  L  O  C  R  A  E  K  N  Z  R  J  Y
S  L  J  É  G  H  A  K  R  S  E  Z  L
L  Á  U  D  N  V  V  J  H  S  T  É  K  Z
D  S  S  D  W  Z  W  T  Z  E  B  S  M  N
T  O  P  O  G  R  Á  F  I  A  W  C  S  E
```

ÖBÖL	KONTINENS
JÉG	MIGRÁCIÓ
MEGŐRZÉS	PINGVINEK
EXPEDÍCIÓ	TOPOGRÁFIA
SZIKLÁS	KÖRNYEZET
KUTATÓ	MADARAK
FÖLDRAJZ	VÍZ
FÉLSZIGET	IDŐJÁRÁS
SZIGETEK	

34 - Fahren

```
M O T O R Z J U R H T M S B
S V F É K E K W E A É O E I
Ü F O K A M I O N A R T B Z
Z E R L S F O X D L K O E T
E N G E D É L Y Ő A É R S O
M U A B G G V H R G P K S N
A C L S A A Á S S Ú V E É S
N C O T U L R Z É T I R G Á
Y R M V T B E Á G O G É J G
A B S K Ó M P S Z A Y K O S
G U Z F U E G B E S Á P E B
W S V E S Z É L Y T Z Á L T
S Z Á L L Í T Á S H A R W N
X V F B K U W L I Z T R M S
```

AUTÓ	KAMION
FÉKEK	MOTOR
ÜZEMANYAG	MOTORKERÉKPÁR
BUSZ	RENDŐRSÉG
GARÁZS	BIZTONSÁG
GÁZ	SZÁLLÍTÁS
VESZÉLY	ALAGÚT
SEBESSÉG	BALESET
TÉRKÉP	FORGALOM
ENGEDÉLY	VIGYÁZAT

35 - Bücher

```
T  K  F  M  T  K  E  T  T  Ő  S  S  É  G
L  A  R  D  K  Ö  Í  P  O  F  V  T  E  N
C  Y  L  I  N  A  R  R  Á  T  O  R  P  T
S  F  B  Á  G  S  O  T  C  X  B  É  I  Ö
S  G  G  Y  L  A  T  P  É  I  H  F  K  R
Y  O  M  S  Y  É  T  N  X  N  V  Á  U  T
L  L  R  Z  S  P  K  N  P  I  E  S  S  É
A  D  L  O  V  T  K  O  E  O  R  T  R  N
U  A  C  C  Z  O  Y  N  N  E  S  K  E  E
T  L  O  L  V  A  S  Ó  M  Y  S  A  G  L
S  Z  E  R  Z  Ő  T  S  D  X  V  L  É  M
K  Ö  L  T  É  S  Z  E  T  L  O  A  N  I
X  M  E  G  Y  Ű  J  T  E  M  É  N  Y  R
I  R  O  D  A  L  M  I  H  M  C  D  X  V
```

KALAND	TÖRTÉNELMI
SZERZŐ	TRÉFÁS
KETTŐSSÉG	GYŰJTEMÉNY
EPIKUS	OLVASÓ
TALÁLÉKONY	IRODALMI
NARRÁTOR	KÖLTÉSZET
VERS	REGÉNY
TÖRTÉNET	OLDAL
ÍROTT	SOROZAT

36 - Menschlicher Körper

```
J  W  L  I  L  R  J  A  V  K  S  F  B  O
Á  L  L  F  Á  C  A  V  T  Á  F  L  O  Z
T  L  L  Z  B  H  O  K  É  Z  L  G  K  U
O  M  L  E  T  F  P  Ö  R  Z  Z  L  A  F
C  Y  V  K  R  I  F  N  D  N  Y  A  K  J
A  C  A  V  A  F  W  Y  J  V  D  G  E  Z
R  V  B  G  A  P  D  Ö  V  V  S  Y  M  A
C  É  Ő  J  M  R  O  K  V  I  R  F  Y  M
O  R  R  J  X  U  O  C  N  K  K  E  X  W
N  Y  E  L  V  K  L  R  S  Z  Á  J  U  T
Y  S  X  G  E  E  O  U  O  Z  R  X  O  X
J  Z  Y  R  E  H  L  J  H  W  Í  N  U  M
F  Ü  L  P  N  M  F  J  K  X  C  V  U  H
L  V  Y  K  K  P  K  H  W  R  X  W  Y  I
```

LÁB	ÁLLKAPOCS
VÉR	ÁLL
KÖNYÖK	TÉRD
UJJ	BOKA
AGY	FEJ
ARC	SZÁJ
NYAK	ORR
KÉZ	FÜL
BŐR	VÁLL
SZÍV	NYELV

37 - Klettern

```
K  C  R  F  I  Z  I  K  A  I  E  K  S  T
K  E  W  G  L  A  B  E  B  R  R  É  T  E
Í  C  S  I  Z  M  A  S  E  E  Ő  P  A  R
V  Z  Z  Ú  B  D  K  T  P  G  Z  B  E
Á  S  A  J  T  V  O  E  H  D  X  É  I  P
N  B  K  P  M  Y  I  N  H  W  O  S  L  J
C  B  É  T  U  Y  Ű  Y  H  G  O  W  I  L
S  A  R  Ú  T  S  É  R  Ü  L  É  S  T  É
I  R  T  R  A  S  I  S  A  K  Z  N  Á  G
S  L  Ő  Á  T  É  R  K  É  P  Z  T  S  K
Á  A  U  Z  Ó  K  A  E  Y  X  N  G  L  Ö
G  N  H  Á  K  M  A  G  A  S  S  Á  G  R
F  G  R  S  S  M  M  X  J  T  R  S  E  N
F  J  M  F  U  Z  E  E  F  V  J  J  N  H
```

LÉGKÖR	TÉRKÉP
KÉPZÉS	KÍVÁNCSISÁG
SZAKÉRTŐ	FIZIKAI
ÚTMUTATÓK	KESKENY
TEREP	STABILITÁS
KESZTYŰ	ERŐ
SISAK	CSIZMA
MAGASSÁG	SÉRÜLÉS
BARLANG	TÚRÁZÁS

38 - Landschaften

```
V  R  X  Z  U  M  I  K  W  W  A  G  J  T
Í  Y  M  U  T  O  D  H  B  R  I  L  É  U
Z  I  V  N  S  C  Á  O  Y  A  V  E  G  N
E  Z  I  W  T  S  L  Z  M  I  Ö  C  H  D
S  L  G  X  R  Á  L  J  I  B  L  C  E  R
É  V  I  F  A  R  V  S  F  S  G  S  G  A
S  T  G  O  N  Z  B  U  É  K  Y  E  Y  A
Ö  B  Ö  L  D  X  A  S  L  Y  P  R  Y  V
B  C  D  Y  O  K  R  I  S  K  D  U  Z  G
D  X  P  Ó  H  V  L  V  Z  X  Á  D  J  G
S  Z  I  G  E  T  A  A  I  J  Z  N  C  L
B  H  P  D  G  Ó  N  T  G  E  J  Z  Í  R
N  U  G  C  Y  S  G  A  E  W  V  M  M  N
V  L  U  N  N  O  N  G  T  E  N  G  E  R
```

HEGY	TENGER
JÉGHEGY	OÁZIS
FOLYÓ	TÓ
GEJZÍR	STRAND
GLECCSER	MOCSÁR
ÖBÖL	VÖLGY
FÉLSZIGET	TUNDRA
BARLANG	VULKÁN
DOMB	VÍZESÉS
SZIGET	SIVATAG

39 - Abenteuer

```
E  N  K  I  R  Á  N  D  U  L  Á  S  Ö  L
F  A  K  Y  S  B  G  Ú  J  E  S  B  R  E
A  V  E  S  Z  É  L  Y  E  S  M  T  Ö  H
B  I  Z  T  O  N  S  Á  G  É  U  E  M  E
M  G  Z  O  K  J  M  K  W  L  T  R  E  T
U  Á  J  Ú  A  T  C  R  Z  Y  A  M  G  Ő
S  C  B  Á  T  O  R  S  Á  G  Z  É  L  S
Z  I  S  J  L  V  M  W  V  D  Á  S  E  É
É  Ó  F  O  A  F  O  Y  Z  S  S  Z  P  G
P  W  P  L  N  T  W  N  S  B  O  E  Ő  W
S  B  A  R  Á  T  O  K  A  T  K  T  H  I
É  N  E  H  É  Z  S  É  G  L  Y  K  P  M
G  L  E  L  K  E  S  E  D  É  S  L  R  K
T  E  V  É  K  E  N  Y  S  É  G  W  U  H
```

TEVÉKENYSÉG	ÚJ
KIRÁNDULÁS	UTAZÁSOK
LELKESEDÉS	ÚTVONAL
ESÉLY	SZÉPSÉG
ÖRÖM	NEHÉZSÉG
BARÁTOK	BIZTONSÁG
VESZÉLYES	BÁTORSÁG
LEHETŐSÉG	SZOKATLAN
TERMÉSZET	MEGLEPŐ
NAVIGÁCIÓ	

40 - Flugzeuge

```
B  L  E  G  É  N  Y  S  É  G  L  É  I  T
M  A  G  A  S  S  Á  G  U  B  L  P  P  E
P  I  L  Ó  T  A  N  P  N  F  R  Í  T  R
R  S  T  L  M  D  A  M  S  C  K  T  Ö  V
Y  Z  U  A  O  M  C  K  H  Y  W  É  R  E
T  Á  R  P  T  N  G  W  I  L  K  S  T  Z
Y  R  B  H  O  F  G  M  D  E  A  O  É  É
X  M  U  K  R  I  Z  A  R  V  L  D  N  S
N  A  L  T  V  P  B  O  O  E  A  I  E  Y
Ü  Z  E  M  A  N  Y  A  G  G  N  K  L  C
T  Á  N  T  S  S  E  B  É  Ő  D  E  E  S
J  S  C  B  L  W  U  P  N  W  Y  H  M  K
I  D  I  I  V  N  É  H  A  J  Ó  Z  I  K
C  O  A  J  K  L  É  G  K  Ö  R  A  O  P
```

KALAND	MAGASSÁG
SZÁRMAZÁS	ÉPÍTÉS
LÉGKÖR	LEVEGŐ
BALLON	MOTOR
ÜZEMANYAG	HAJÓZIK
LEGÉNYSÉG	UTAS
TERVEZÉS	PILÓTA
TÖRTÉNELEM	TURBULENCIA
ÉG	HIDROGÉN

41 - Haartypen

```
H  U  L  L  Á  M  O  S  Z  Á  R  A  Z  V
O  I  P  K  T  E  S  F  Ü  R  T  Ö  K  A
S  Z  Ő  K  E  R  K  C  O  I  W  J  A  S
S  L  B  Z  S  B  O  J  Y  N  U  K  R  T
Z  E  Z  B  Z  E  P  A  W  Z  O  T  A  A
Ú  G  N  W  Í  G  A  B  R  S  Y  T  A  G
F  Ö  N  A  N  É  S  R  L  O  H  S  T  V
T  N  F  A  E  S  Z  Ö  F  X  M  Z  F  É
I  D  E  E  S  Z  U  V  H  C  P  Ü  P  K
R  Ö  K  Z  H  S  B  I  N  M  B  R  U  O
M  R  E  Ü  Z  É  A  D  E  J  I  K  H  N
E  Y  T  S  T  G  R  U  T  I  C  E  A  Y
E  W  E  T  A  E  N  Z  S  I  N  Ó  R  O
Y  P  F  E  E  S  A  X  C  L  J  C  H  C
```

SZŐKE	HOSSZÚ
BARNA	FÜRTÖK
VASTAG	GÖNDÖR
VÉKONY	FEKETE
SZÍNES	EZÜST
FONOTT	SZÁRAZ
EGÉSZSÉGES	PUHA
SZÜRKE	FEHÉR
KOPASZ	HULLÁMOS
RÖVID	ZSINÓR

42 - Essen #1

```
E B B L K C I T R O M H F H
V P F A F I E W Z R R A Ö N
C T E J Z H Ú S J H U G L S
C J H R O S P E N Ó T Y D Á
S W É S K X A E W W L M I R
Z M R L V I C L E C B A M G
U R R R S Ó F E I U R J O A
I U É P K I A V T K U X G R
K Y P D M X H E O O O E Y É
F I A K Á V É S N R W M O P
S A L Á T A J J H E F R R A
F O K H A G Y M A P R Y Ó D
M O W G Y Ü M Ö L C S L É L
D W K S K Ö R T E G Z C P D
```

BAZSALIKOM	GYÜMÖLCSLÉ
KÖRTE	SALÁTA
EPER	SÓ
FÖLDIMOGYORÓ	SPENÓT
HÚS	LEVES
KÁVÉ	TONHAL
SÁRGARÉPA	FAHÉJ
FOKHAGYMA	CITROM
TEJ	CUKOR
FEHÉRRÉPA	HAGYMA

43 - Gebäude

```
N  A  G  Y  K  Ö  V  E  T  S  É  G  G  V
T  O  R  O  N  Y  E  X  R  U  R  B  M  S
E  Z  H  P  V  H  D  C  X  H  M  P  H  M
S  Z  Á  L  L  Ó  Á  A  O  N  V  K  G  Ú
X  F  O  Z  C  G  A  Z  D  A  S  Á  G  Z
I  L  A  B  O  R  A  T  Ó  R  I  U  M  E
S  Z  U  P  E  R  M  A  R  K  E  T  S  U
K  C  E  M  A  H  L  A  G  Ó  G  S  T  M
O  J  N  E  S  J  F  F  Y  R  Y  Z  A  O
L  S  Á  T  O  R  T  J  Á  H  E  Í  D  Z
A  G  A  R  Á  Z  S  A  R  Á  T  N  I  I
S  Z  Á  L  L  O  D  A  V  Z  E  H  O  W
K  A  B  I  N  W  G  X  V  K  M  Á  N  M
Z  J  C  G  O  M  O  N  F  R  Z  Z  Z  X
```

GAZDASÁG	LABORATÓRIUM
NAGYKÖVETSÉG	MÚZEUM
GYÁR	PAJTA
GARÁZS	ISKOLA
HÁZ	STADION
SZÁLLÓ	SZUPERMARKET
SZÁLLODA	SZÍNHÁZ
KABIN	TORONY
MOZI	EGYETEM
KÓRHÁZ	SÁTOR

44 - Angeln

```
M  P  K  É  S  H  C  S  A  L  I  X  R  N
H  S  P  O  V  Í  Z  U  T  D  F  T  X  B
H  A  J  Ó  S  S  K  J  Á  R  L  R  A  P
U  K  M  O  Y  Á  Z  U  L  Ó  A  M  L  S
Y  W  U  M  N  Z  R  A  L  T  B  N  G  Ú
K  O  P  O  L  T  Y  Ú  K  B  R  W  D  L
T  Ü  R  E  L  E  M  V  A  T  Ó  R  U  Y
M  É  R  L  E  G  Z  E  P  P  G  Z  S  T
H  V  G  X  B  Y  E  F  O  L  Y  Ó  Z  Ú
O  Z  I  S  Z  A  K  Á  C  S  I  C  O  L
R  Y  X  U  J  Z  F  X  S  E  P  E  N  Z
O  W  A  B  I  T  F  F  Y  A  I  Á  Y  Á
G  X  P  V  X  I  J  D  T  O  I  N  O  S
F  E  L  S  Z  E  R  E  L  É  S  D  K  F
```

FELSZERELÉS	KOPOLTYÚK
HAJÓ	SZAKÁCS
DRÓT	KOSÁR
USZONYOK	CSALI
FOLYÓ	ÓCEÁN
TÜRELEM	TÓ
SÚLY	STRAND
HOROG	TÚLZÁS
ÉVSZAK	MÉRLEG
ÁLLKAPOCS	VÍZ

45 - Regenwald

```
B O T A N I K A U D Y F F L
M E N E D É K G U T Y S E H
W A S D E M F L O B K K L A
S O K F É L E S É G M O H A
É M K É T É L T Ű E K G Ő D
N G A O P I R O V A R O K Z
D Z H D T E S T Ú L É L É S
B H F A A K Ö Z Ö S S É G U
D V A O J R R B T G J E M N
M I J L B L A S L E K A U G
X P K O H O A K Z A L C Z E
É R T É K E S T S L Y E Z L
T E R M É S Z E T N U A T L
E M L Ő S Ö K G U E P E O B
```

KÉTÉLTŰEK
FAJ
BOTANIKA
DZSUNGEL
KÖZÖSSÉG
ROVAROK
ÉGHAJLAT
MOHA
TERMÉSZET

TISZTELET
EMLŐSÖK
TÚLÉLÉS
SOKFÉLESÉG
MADARAK
ÉRTÉKES
FELHŐK
MENEDÉK

46 - Essen #2

```
R  I  Z  S  V  C  M  B  A  F  C  S  P  A
R  R  C  J  Z  G  A  R  S  T  V  A  A  R
L  A  S  G  U  L  N  O  O  B  H  E  D  T
C  O  O  O  V  M  D  K  G  R  H  A  L  I
U  C  K  P  V  R  U  K  P  U  Y  G  I  C
T  S  O  Z  K  B  L  O  R  M  S  O  Z  S
Z  E  L  L  E  R  A  L  B  N  M  M  S  Ó
G  R  Á  B  N  J  T  I  A  A  W  B  Á  K
E  E  D  I  Y  S  O  N  K  A  N  A  N  A
R  S  É  L  É  P  J  G  B  N  G  Á  W  L
R  Z  G  B  R  Á  Á  A  H  Ú  M  V  N  M
I  N  V  P  U  R  S  X  H  U  Z  V  D  A
S  Y  S  M  F  G  S  A  M  F  R  A  Y  I
U  E  H  P  S  A  J  T  Y  T  R  T  J  U
```

ALMA	CSERESZNYE
ARTICSÓKA	MANDULA
PADLIZSÁN	GOMBA
BANÁN	RIZS
BROKKOLI	SONKA
KENYÉR	CSOKOLÁDÉ
TOJÁS	ZELLER
HAL	SPÁRGA
JOGHURT	BÚZA
SAJT	

47 - Familie

```
R  T  F  D  G  R  X  Y  V  E  P  Z  Y  G
T  U  E  A  N  Y  A  I  N  F  V  H  D  Y
W  N  L  S  X  R  E  R  A  A  P  A  I  E
T  O  E  S  T  F  É  R  J  P  U  V  B  R
C  K  S  J  H  V  V  Z  M  A  N  G  P  M
U  Á  É  A  A  N  É  N  I  E  O  T  S  E
N  J  G  J  N  G  C  R  K  D  K  J  C  K
O  A  K  G  Y  E  R  M  E  K  A  E  X  K
K  G  G  N  A  G  Y  A  P  A  Ö  Ő  K  O
A  X  L  Y  N  A  G  Y  B  Á  C  S  I  R
H  U  Á  C  M  Y  J  M  U  G  S  E  N  I
Ú  U  N  O  K  A  T  E  S  T  V  É  R  A
G  M  Y  K  L  I  M  I  G  T  X  H  L  F
F  U  A  R  I  B  J  A  O  X  F  M  B  F
```

TESTVÉR	ANYAI
FELESÉG	UNOKAÖCS
FÉRJ	UNOKAHÚG
UNOKÁJA	NAGYBÁCSI
NAGYMAMA	NÉNI
NAGYAPA	LÁNYA
GYERMEK	APA
GYERMEKEK	APAI
GYERMEKKOR	UNOKATESTVÉR
ANYA	ŐS

48 - Pflanzen

```
V I R Á G B M I C X V I O E
F B O G Y Ó G D K F Y B S L
E A O I W L S B A M B U S Z
R B E K E R T G K O G N B D
D U K I O A R S T H Y Ö O O
Ő R X X T R K J U A Ö V R B
T R Á G Y A J Y S R K É O O
L S Z I R O M F Z H É N S T
Y F U U I J Y X Ű G R Y T A
G Y Ó G Y N Ö V É N Y Z Y N
N Ö V É N Y V I L Á G E Á I
U T B J L O M B O Z A T N K
L Z Z A I Z C X R G B F U A
Y J Z W Y Z W L B R U T O O
```

BAMBUSZ	NÖVÉNYVILÁG
FA	KERT
BOGYÓ	FŰ
VIRÁG	KAKTUSZ
SZIROM	GYÓGYNÖVÉNY
BAB	LOMBOZAT
BOTANIKA	MOHA
BOKOR	NÖVÉNYZET
TRÁGYA	ERDŐ
BOROSTYÁN	GYÖKÉR

49 - Kunst

```
S  V  Y  E  Ö  O  U  K  J  S  Y  H  G  S
Z  I  U  G  I  S  S  Z  E  B  C  J  A  Z
E  Z  C  Y  V  I  S  G  S  R  G  K  P  Ü
M  U  J  S  W  X  Y  Z  K  S  Á  L  W  R
É  Á  H  Z  Y  M  W  K  E  A  Y  M  J  R
L  L  P  E  G  D  O  R  Y  T  X  V  I  E
Y  I  E  R  E  D  E  T  I  D  E  E  U  A
E  S  Ő  Ű  T  Á  R  G  Y  U  O  T  K  L
S  S  S  S  H  A  N  G  U  L  A  T  T  I
U  Z  C  S  Z  I  M  B  Ó  L  U  M  Z  Z
T  O  G  S  P  I  H  L  E  T  E  T  T  M
K  B  L  O  G  U  N  C  S  J  P  E  U  U
J  O  U  X  K  Ö  L  T  É  S  Z  E  T  S
Z  R  P  X  A  K  I  F  E  J  E  Z  É  S
```

KIFEJEZÉS   SZEMÉLYES
ŐSZINTE   KÖLTÉSZET
EGYSZERŰ   SZOBOR
TÁRGY   HANGULAT
IHLETETT   SZÜRREALIZMUS
KERÁMIA   SZIMBÓLUM
ÖSSZETETT   VIZUÁLIS
EREDETI

50 - Gewürze

```
Á L P K C K P A P R I K A O
K N C Z M E X A J W M D B S
F A I U B S Ó H S A K Í Z H
A V R Z R E I H X N R K F A
H A S D S R P E X O N L Y G
É N A G A Ű Y S Á F R Á N Y
J Í V Y U M B V S L P X Z M
K L A Ö B F O K H A G Y M A
M I N M O J H M N Z J V R D
N A Y B R P E E I X K C J W
F Z Ú É S Z E G F Ű S Z E G
S Z E R E C S E N D I Ó X B
É D E S K Ö M É N Y J C U R
É D E S G Y Ö K É R É D E S
```

ÁNIZS   SZEGFŰSZEG
KESERŰ   PAPRIKA
CURRY   BORS
ÉDESKÖMÉNY   SÁFRÁNY
ÍZ   SÓ
GYÖMBÉR   SAVANYÚ
KARDAMOM   ÉDES
FOKHAGYMA   VANÍLIA
ÉDESGYÖKÉR   FAHÉJ
SZERECSENDIÓ   HAGYMA

51 - Gemüse

```
H  Z  F  M  I  X  X  F  T  X  L  B  U  P
G  Z  Y  N  Y  R  T  O  Ö  P  O  B  V  A
J  O  U  D  B  R  O  K  K  O  L  I  S  R
K  L  P  Y  A  F  E  H  É  R  R  É  P  A
G  A  U  B  O  R  K  A  A  A  H  I  E  D
Y  J  R  K  T  C  T  G  O  M  B  A  N  I
Ö  B  H  F  Z  N  R  Y  Y  G  R  B  Ó  C
M  O  P  B  I  A  J  M  U  R  S  H  T  S
B  G  C  E  F  O  A  A  F  W  Z  E  O  O
É  Y  R  I  Z  E  L  L  E  R  K  Y  R  M
R  Ó  P  E  T  R  E  Z  S  E  L  Y  E  M
A  R  T  I  C  S  Ó  K  A  N  Z  H  N  C
B  U  R  G  O  N  Y  A  S  A  L  Á  T  A
H  A  G  Y  M  A  U  B  O  R  S  Ó  F  U
```

ARTICSÓKA	OLAJBOGYÓ
KARFIOL	PETREZSELYEM
BROKKOLI	GOMBA
BORSÓ	FEHÉRRÉPA
UBORKA	SALÁTA
GYÖMBÉR	ZELLER
BURGONYA	SPENÓT
FOKHAGYMA	PARADICSOM
TÖK	HAGYMA

52 - Katzen

```
V A D Á S Z F F K K E F F V
K X E R U E G É R N H O Ü I
K Í Y C V Ő R Ü L T F N G C
A A V A D Z V J Y É F A G C
P L R Á P R I P Y U N L E E
T V F O N L E H O N E K T S
L Á J X M C G Y O R S B L J
W S A D T G S M A N C S E Á
S Z E M É L Y I S É G O N T
A Ő A S Y W B X F A R O K É
K R A E T R J O L O K R E K
I M A C H B X B F B N F Y O
S E P C M N J U O H B F F S
K V J N C W W S V F T O Z J
```

SZŐRME
FONAL
VADÁSZ
VICCES
KAROM
EGÉR
KÍVÁNCSI
SZEMÉLYISÉG
MANCS

ALVÁS
GYORS
FÉLÉNK
FAROK
FÜGGETLEN
ŐRÜLT
JÁTÉKOS
KIS
VAD

53 - Tanzen

```
P  R  Ó  B  A  U  F  R  C  H  V  É  K  K
A  I  K  Z  M  K  P  Z  M  A  I  R  L  O
R  T  E  T  O  I  A  G  Ű  G  D  Z  A  R
T  M  G  E  Z  F  M  D  V  Y  Á  E  S  E
N  U  Y  S  G  E  S  Z  É  O  M  L  S  O
E  S  E  T  Á  J  C  Z  S  M  M  E  Z  G
R  D  L  T  S  E  K  M  Z  Á  I  M  I  R
U  H  E  A  A  Z  E  N  E  N  H  A  K  Á
Y  K  M  R  O  Ő  V  H  T  Y  U  H  U  F
K  U  L  T  Ú  R  A  K  E  O  R  O  S  I
X  T  P  Á  D  A  J  E  S  S  S  X  J  A
W  H  D  S  I  I  C  H  T  X  Z  G  O  K
K  U  L  T  U  R  Á  L  I  S  D  Z  L  J
V  I  Z  U  Á  L  I  S  O  R  X  A  U  K
```

AKADÉMIA	KULTÚRA
KEGYELEM	KULTURÁLIS
KIFEJEZŐ	MŰVÉSZET
MOZGÁS	ZENE
KOREOGRÁFIA	PARTNER
ÉRZELEM	PRÓBA
VIDÁM	RITMUS
TESTTARTÁS	HAGYOMÁNYOS
KLASSZIKUS	VIZUÁLIS
TEST	

54 - Ernährung

```
S  P  B  H  W  X  D  E  H  E  T  Ő  D  U
Z  X  Z  H  V  É  P  R  U  F  L  I  I  P
É  B  T  W  R  T  Y  J  S  E  G  R  É  R
N  J  G  A  U  V  Z  E  C  H  A  M  T  E
H  V  J  Y  I  Á  L  S  L  É  B  I  A  G
I  K  I  A  G  Í  Z  E  R  O  N  U  É
D  H  E  B  D  Y  H  T  G  J  N  Ő  E  S
R  S  B  S  B  A  I  É  É  É  A  S  O  Z
Á  R  A  F  E  L  G  S  S  K  F  É  T  S
T  E  J  A  V  R  P  K  Z  Ú  É  G  O  É
O  G  H  S  W  I  Ű  X  S  A  L  P  X  G
K  K  A  L  Ó  R  I  A  É  K  É  Y  I  E
S  Z  Ó  S  Z  R  W  D  G  W  K  A  N  S
E  M  É  S  Z  T  É  S  V  M  H  H  N  N
```

ÉTVÁGY
KESERŰ
DIÉTA
EHETŐ
ERJESZTÉS
ÍZ
EGÉSZSÉGES
EGÉSZSÉG
GABONAFÉLÉK

SÚLY
KALÓRIA
SZÉNHIDRÁTOK
ADAG
FEHÉRJÉK
MINŐSÉG
SZÓSZ
TOXIN
EMÉSZTÉS

55 - Technologie

```
V Í R U S O U S D B U L O K
V J S Z O F T V E R L G J U
I M T K É P E R N Y Ő O D T
R C A D A T P M B J F B G A
T E T D J S B W M F K Ö B T
U D I G I T Á L I S U N I Á
Á T S A B H T Y F Z R G Z S
L Y Z J K K N F N B Z É T Ü
I N T E R N E T Á W O S O Z
S W I P S E W A M J R Z N E
N H K I J E L Z Ő B L Ő S N
O K A M E R A Z W Á B R Á E
B E T Ű T Í P U S J V G G T
I T L S S Z Á M Í T Ó G É P
```

KIJELZŐ
KÉPERNYŐ
BLOG
BÖNGÉSZŐ
BÁJT
SZÁMÍTÓGÉP
KURZOR
FÁJL
ADAT
DIGITÁLIS

KUTATÁS
INTERNET
KAMERA
ÜZENET
BETŰTÍPUS
BIZTONSÁG
SZOFTVER
STATISZTIKA
VIRTUÁLIS
VÍRUS

56 - Wasser

```
P  Á  R  O  L  G  Á  S  I  N  W  R  M  N
L  R  B  H  T  H  S  Z  F  E  M  I  O  E
L  D  G  W  Ó  C  E  Á  N  D  F  Z  N  D
H  U  L  L  Á  M  O  K  W  V  O  I  S  V
J  J  L  F  A  G  Y  N  F  E  L  N  Z  E
G  É  A  C  K  Ő  N  H  C  S  Y  F  U  S
E  M  G  G  D  Z  L  U  H  U  Ó  E  N  S
J  T  J  D  O  U  Á  R  V  Í  Z  E  H  É
Z  L  Y  Y  B  H  G  R  A  U  H  S  S  G
Í  O  W  Y  P  A  Y  I  K  S  I  K  U  Ő
R  J  R  J  J  N  A  K  T  H  H  T  K  P
X  A  G  H  X  Y  E  Á  Z  H  A  W  L  S
Ö  N  T  Ö  Z  É  S  N  L  S  T  W  C  H
C  S  A  T  O  R  N  A  M  C  Ó  S  P  D
```

ÖNTÖZÉS	HURRIKÁN
GŐZ	CSATORNA
ZUHANY	MONSZUN
JÉG	ÓCEÁN
NEDVES	ESŐ
NEDVESSÉG	HÓ
FOLYÓ	TÓ
ÁRVÍZ	IHATÓ
FAGY	PÁROLGÁS
GEJZÍR	HULLÁMOK

57 - Science Fiction

```
R F G D F I R F R G R K S B
E X U A C D Y E O A E Ö Z O
Á B K T C J M L B L J N É L
L F I K U X O S O A T Y L Y
I D L I V R Z J T X É V S G
S Y L Z I O I Ó O I L E Ő Ó
T S Ú T L B D S K S Y K S Y
K T Z Ű Á B M L Z V E M É H
U O I Z G A K A U T S C G J
T P Ó U Y N O T K L I J E Z
Ó I H G J Á X R C A A K S L
P A J G O S Z F Y F H Y U O
I F O R G A T Ó K Ö N Y V S
A K É P Z E L E T B E L I H
```

KÖNYVEK	KÉPZELETBELI
DYSTOPIA	MOZI
ROBBANÁS	JÓSLAT
SZÉLSŐSÉGES	BOLYGÓ
TŰZ	REÁLIS
FUTURISZTIKUS	ROBOTOK
GALAXIS	FORGATÓKÖNYV
REJTÉLYES	UTÓPIA
ILLÚZIÓ	VILÁG

58 - Haustiere

```
K  É  L  E  L  M  I  S  Z  E  R  M  E  Á
T  I  M  A  C  S  K  A  G  T  J  P  Z  L
G  E  S  M  N  B  M  A  Y  H  A  L  C  L
O  P  K  K  C  I  C  A  C  Ö  F  D  E  A
P  Ó  K  N  U  G  A  P  G  R  K  I  I  T
M  R  E  A  Ő  T  M  A  N  C  S  O  K  O
E  Á  C  V  B  S  Y  P  Y  S  F  G  I  R
G  Z  S  A  Z  M  B  A  Ú  Ö  J  O  L  V
É  Y  K  K  G  F  D  G  L  G  X  E  B  O
R  K  E  U  O  O  D  Á  F  A  R  O  K  S
M  Y  B  T  V  E  Z  J  T  L  U  G  X  N
D  Y  G  Y  Í  K  P  W  T  L  V  J  E  I
O  K  T  A  Z  P  N  W  L  É  A  Y  M  H
T  E  H  É  N  N  D  P  T  R  A  V  C  I
```

GYÍK	PÓRÁZ
ÉLELMISZER	EGÉR
HAL	PAPAGÁJ
HÖRCSÖG	MANCSOK
NYÚL	TEKNŐS
KUTYA	FAROK
MACSKA	ÁLLATORVOS
CICA	VÍZ
GALLÉR	KISKUTYA
TEHÉN	KECSKE

59 - Geburtstag

```
T  N  K  R  F  I  R  J  T  J  W  J  W  A
V  A  G  Z  L  I  B  A  R  Á  T  O  K  J
I  G  N  C  L  D  A  B  O  L  D  O  G  Á
D  Y  Y  U  O  Ő  É  T  T  L  A  V  K  N
Á  E  M  I  L  Y  V  S  A  G  L  V  Ü  D
M  R  O  K  Ü  N  N  E  P  L  É  S  L  É
E  T  I  N  F  Y  I  G  C  R  P  E  Ö  K
G  Y  P  S  Z  Ü  L  E  T  E  T  T  N  N
H  Á  B  Ö  L  C  S  E  S  S  É  G  L  A
Í  K  N  A  P  K  Á  R  T  Y  Á  K  E  P
V  O  E  A  M  Ó  K  A  I  T  G  V  G  T
Ó  T  O  R  T  A  O  W  R  G  U  X  E  Á
K  L  I  M  F  O  S  K  K  C  G  C  S  R
Z  Z  K  V  Y  E  V  S  K  M  S  H  H  U
```

MEGHÍVÓK	KÁRTYÁK
ÜNNEPLÉS	GYERTYÁK
VIDÁM	TORTA
BARÁTOK	TANULNI
SZÜLETETT	DAL
AJÁNDÉK	MÓKA
BOLDOG	KÜLÖNLEGES
ÉV	NAP
FIATAL	BÖLCSESSÉG
NAPTÁR	IDŐ

60 - Literatur

```
I  E  Z  L  P  F  R  Í  M  I  K  F  S  K
Z  L  Z  E  J  B  S  Z  E  R  Z  Ő  A  Ö
P  E  E  Í  T  R  A  G  É  D  I  A  N  V
D  M  A  R  F  I  K  C  I  Ó  E  P  E  E
R  Z  N  Á  V  E  R  S  M  R  I  O  K  T
E  É  A  S  P  Á  R  B  E  S  Z  É  D  K
G  S  L  Z  R  V  B  M  T  T  E  H  O  E
É  K  Ó  E  M  A  K  Ű  A  Í  É  A  T  Z
N  Ö  G  R  T  C  S  F  F  L  Y  M  A  T
Y  L  I  R  I  R  C  A  O  U  G  C  A  E
A  T  A  V  G  T  A  J  R  S  L  J  L  T
S  Ő  L  V  F  V  M  J  A  V  L  J  K  É
D  I  W  A  X  R  C  U  Z  B  D  B  P  S
N  A  R  R  Á  T  O  R  S  V  E  X  R  C
```

ANALÓGIA	MŰFAJ
ELEMZÉS	METAFORA
ANEKDOTA	KÖLTŐI
SZERZŐ	RÍM
LEÍRÁS	RITMUS
ÉLETRAJZ	REGÉNY
PÁRBESZÉD	KÖVETKEZTETÉS
NARRÁTOR	STÍLUS
FIKCIÓ	TÉMA
VERS	TRAGÉDIA

61 - Wandern

```
R  N  A  P  A  R  K  O  K  Ö  V  E  K  O
H  E  L  Ő  K  É  S  Z  Í  T  É  S  V  R
D  H  R  I  E  O  K  I  H  Y  R  G  Ú  I
M  É  Z  O  F  X  V  N  V  E  E  F  T  E
H  Z  M  G  Á  Z  K  Í  X  I  G  X  M  N
C  P  T  E  R  M  É  S  Z  E  T  Y  U  T
C  S  I  W  A  V  A  D  W  J  B  E  T  Á
U  T  I  I  D  Ő  J  Á  R  Á  S  Á  A  C
G  E  F  Z  T  É  R  K  É  P  L  L  T  I
I  F  B  Y  M  J  R  W  T  C  X  L  Ó  Ó
P  A  B  S  D  A  S  Z  I  K  L  A  K  Y
V  E  S  Z  É  L  Y  E  K  G  A  T  L  B
D  F  D  K  E  M  P  I  N  G  A  O  M  L
O  J  E  É  G  H  A  J  L  A  T  K  N  B
```

HEGY	PARKOK
KEMPING	NEHÉZ
ÚTMUTATÓK	NAP
VESZÉLYEK	KÖVEK
TÉRKÉP	CSIZMA
ÉGHAJLAT	ÁLLATOK
SZIKLA	ELŐKÉSZÍTÉS
FÁRADT	VÍZ
TERMÉSZET	IDŐJÁRÁS
ORIENTÁCIÓ	VAD

62 - Länder #2

```
G L Z Z F V K C B T J Z H Z
F K I V F S Z U D Á N Y A E
R C J B Z Z G V E V B T I D
A N N A É Í V C P N P H T B
N Y V D Í R O R S Z Á G I J
C A A T F I I J A M A I C A
I H U Y O A E A J I P R U P
A K E N Y A O I Y A R T G Á
O L E E L A O S Z P I L A N
R A B P A K I S Z T Á N N H
S X N Á E T I Ó P I A W D O
Z S P L N I G É R I A B A R
Á U M E X I K Ó T D E N A U
G D T K R V A U K R A J N A
```

ALBÁNIA	LIBÉRIA
ETIÓPIA	MEXIKÓ
FRANCIAORSZÁG	NEPÁL
HAITI	NIGÉRIA
ÍRORSZÁG	PAKISZTÁN
JAMAICA	SZUDÁN
JAPÁN	SZÍRIA
KENYA	UGANDA
LAOSZ	UKRAJNA

63 - Fahrzeuge

```
W  V  W  G  B  H  O  T  O  Y  N  T  P  T
D  O  G  B  U  E  X  D  M  K  P  R  V  A
M  N  V  G  S  L  M  B  O  F  M  A  K  X
O  A  F  U  Z  I  W  H  F  G  J  K  E  I
T  T  U  M  G  K  O  M  P  M  E  T  R  Ó
O  N  R  I  P  O  H  K  M  Y  X  O  É  G
R  T  G  K  N  P  A  A  U  T  Ó  R  K  T
A  U  O  B  K  T  J  M  C  K  J  X  P  Z
W  T  N  V  T  E  Ó  I  E  X  R  V  Á  S
K  A  Y  K  W  R  R  O  B  O  G  Ó  R  O
P  J  F  U  R  M  E  N  T  Ő  A  U  T  Ó
R  E  P  Ü  L  Ő  G  É  P  V  H  U  A  J
F  E  X  P  C  L  A  K  Ó  K  O  C  S  I
G  Y  Y  H  R  A  K  É  T  A  N  I  R  L
```

AUTÓ	MOTOR
HAJÓ	RAKÉTA
BUSZ	GUMIK
KERÉKPÁR	ROBOGÓ
KOMP	TAXI
TUTAJ	TRAKTOR
REPÜLŐGÉP	METRÓ
HELIKOPTER	FURGON
MENTŐAUTÓ	LAKÓKOCSI
KAMION	VONAT

64 - Musikinstrumente

```
C C H Y M A N D O L I N O H
M S S H A R S O N A Y N K A
X A Ö E M O G G B D K H W R
L K I R L E F U V O L A P A
Z T Z W G L Z W N B A R G N
K R H I A Ő Ó S J R R M B G
H O H L B P D Z S F I O E J
E M U L R O G O O A N N Á
G B H O I R O N B G É I D T
E I I G C N G O O T K Z É
D T T F F T G O A T B A S K
Ű A H Á R F A R E T Y Y Ó P
T F W G R V M A R I M B A B
S Z A X O F O N R H B Y G B
```

BENDZSÓ	ZONGORA
CSELLÓ	MANDOLIN
FAGOTT	MARIMBA
FUVOLA	HARMONIKA
HEGEDŰ	OBOA
GITÁR	HARSONA
HARANGJÁTÉK	SZAXOFON
GONG	CSÖRGŐDOB
HÁRFA	DOB
KLARINÉT	TROMBITA

65 - Blumen

```
P U S Z I R O M H M J R O S
L I K Z B Z Y Y A A Á Ó Z Z
K Ó T Y V O A V L G Z Z M Á
T D H Y T V M Z V N M S L Z
L F N E P B V D Á Ó I A E S
C G S I R A V V N L N D V Z
S A N X R E N Z Y I O L E O
O R G H V X X G L A R I N R
K D P L U M E R I A C L D S
O É X D M H Á L L D H I U Z
R N M Y T F I K A N I O L É
H I B I S Z K U S Z D M A P
N A P R A F O R G Ó E U P V
B A Z S A R Ó Z S A A G P W
```

SZIROM
GARDÉNIA
SZÁZSZORSZÉP
HIBISZKUSZ
JÁZMIN
LÓHERE
LEVENDULA
HALVÁNYLILA
LILIOM

PITYPANG
MAGNÓLIA
MÁK
ORCHIDEA
BAZSARÓZSA
PLUMERIA
RÓZSA
NAPRAFORGÓ
CSOKOR

66 - Natur

```
M H S A R K V I D É K I P L
L E U S Z É P S É G W J F O
É G N Z X P P P F A I R B M
T Y P E K Á D M E T D Z R B
F E Z N D G L E C C S E R O
O K T T U É V L Y J J N D Z
N D M É S X K U A N I H I A
T E É L E R D Ő C T K S N T
O R H Y R D D L O R O A A H
S Ű E F Ó F O L Y Ó B K M T
S S K N Z V U D B P É Ö I O
Á A P B I I A I J U K D K W
G F N J Ó J J D S S É A U Z
Ú S I V A T A G L I S X S A
```

SARKVIDÉKI	LOMBOZAT
HEGYEK	LÉTFONTOSSÁGÚ
MÉHEK	KÖD
DINAMIKUS	SZÉPSÉG
ERÓZIÓ	MENEDÉK
FOLYÓ	ÁLLATOK
BÉKÉS	TRÓPUSI
GLECCSER	ERDŐ
SZENTÉLY	VAD
DERŰS	SIVATAG

67 - Urlaub #2

```
L  F  X  G  Z  V  O  N  A  T  A  X  I  R
Ú  T  L  E  V  É  L  P  K  J  F  Z  F  F
N  S  Z  Á  L  L  O  D  A  V  T  J  O  T
J  Y  S  Z  Á  L  L  Í  T  Á  S  G  T  C
S  Z  A  B  A  D  I  D  Ő  É  U  R  Ó  K
T  H  Z  R  E  P  Ü  L  Ő  T  É  R  K  Ü
E  É  M  W  A  L  Y  O  D  T  K  R  X  L
N  J  R  U  H  L  Y  U  A  E  D  R  S  F
G  S  C  K  E  R  Á  S  T  R  A  N  D  Ö
E  Á  Z  W  É  X  W  S  K  E  D  V  O  L
R  T  B  I  D  P  Z  L  B  M  E  Í  M  D
C  O  H  E  G  Y  E  K  G  U  S  Z  H  I
P  R  Z  I  K  E  M  P  I  N  G  U  C  N
N  P  A  V  Y  U  T  A  Z  Á  S  M  Z  V
```

KÜLFÖLDI	ÚTLEVÉL
HEGYEK	UTAZÁS
KEMPING	ÉTTEREM
REPÜLŐTÉR	STRAND
FOTÓK	TAXI
SZABADIDŐ	SZÁLLÍTÁS
SZÁLLODA	NYARALÁS
SZIGET	VÍZUM
TÉRKÉP	SÁTOR
TENGER	VONAT

68 - Zirkus

```
E  L  E  F  Á  N  T  R  I  F  Z  B  A  L
P  J  N  J  K  F  Y  F  W  F  X  D  I  Á
E  X  D  E  L  Ő  A  D  Á  S  P  P  L  T
G  F  S  Z  Ó  R  A  K  O  Z  T  A  T  V
O  R  O  S  Z  L  Á  N  R  R  H  Z  R  Á
P  A  R  Á  D  É  D  Á  B  O  H  Ó  C  N
J  E  L  M  E  Z  G  L  T  Z  B  I  T  Y
S  M  X  J  E  G  Y  L  I  S  Ű  A  E  O
N  Á  A  B  I  V  S  A  G  O  V  C  T  S
É  I  T  J  B  Z  T  T  R  N  É  E  R  A
Z  B  R  O  O  T  X  O  I  G  S  N  G  A
Ő  K  Ü  L  R  M  T  K  S  L  Z  E  N  E
A  F  K  M  Á  G  I  A  Z  Ő  H  U  V  L
Y  P  K  Z  D  F  T  D  K  R  P  M  D  P
```

MAJOM	PARÁDÉ
AKROBATA	LÁTVÁNYOS
BOHÓC	ÁLLATOK
ELEFÁNT	TIGRIS
JEGY	TRÜKK
ZSONGLŐR	SZÓRAKOZTAT
JELMEZ	BŰVÉSZ
OROSZLÁN	ELŐADÁS
MÁGIA	SÁTOR
ZENE	NÉZŐ

69 - Barbecues

```
C  E  J  Z  O  V  S  S  G  J  B  E  G  G
S  S  D  B  Ö  I  R  M  N  N  O  K  Y  Y
I  A  W  F  H  L  K  É  X  Y  R  E  E  Ü
R  L  H  Ő  J  L  D  H  H  Á  S  Ó  R  M
K  Á  L  Z  V  A  C  S  O  R  A  V  M  Ö
E  T  P  É  F  G  H  É  É  V  O  J  E  L
U  Á  S  S  V  O  R  G  J  G  L  X  K  C
S  K  Z  Z  Z  C  R  I  J  J  E  U  E  S
O  É  S  Ó  P  S  R  R  L  H  B  K  K  L
G  S  O  S  A  A  J  J  Ó  L  É  I  U  O
I  E  Z  Z  E  L  H  F  L  Y  D  W  P  F
Z  K  E  M  J  Á  T  É  K  O  K  L  A  N
O  V  N  H  Y  D  P  O  X  P  S  L  D  W
D  W  E  N  Y  C  J  D  X  Z  N  U  L  T
```

VACSORA	FŐZÉS
CSALÁD	KÉSEK
GYÜMÖLCS	EBÉD
VILLA	ZENE
ZÖLDSÉGEK	BORS
GRILL	SALÁTÁK
FORRÓ	SÓ
CSIRKE	NYÁR
ÉHSÉG	SZÓSZ
GYERMEKEK	JÁTÉKOK

70 - Küche

```
H T I M S V G L E K N M M R
Ű L G S H V R B X Ö N K P E
T T X K O J I K T T J A F C
Ő V K A N A L A K É S T L E
S Z I É N Y L J P N D Ü O P
Z W M L T S Z Z B Y R K T T
E M E E L Z C S É S Z É K Ő
K É R L A A C F B Z T S C F
R L Ő M L L T Á L I O E L E
É Y K I S V H C X V H K P L
N H A S A É M W K A N C S Ó
Y Ű N Z O T V P I C R N R K
P T Á E R A I M S S Y C K F
R Ő L R S K F Ű S Z E R E K
```

ÉLELMISZER
VILLA
MÉLYHŰTŐ
FŰSZEREK
GRILL
MERŐKANÁL
KANCSÓ
HŰTŐSZEKRÉNY
KANALAK

KÉSEK
SÜTŐ
RECEPT
KÖTÉNY
TÁL
SZIVACS
SZALVÉTA
CSÉSZÉK

71 - Schach

```
B  J  P  T  X  V  U  Y  M  H  E  A  Y  S
A  Á  M  A  U  E  O  K  Á  T  L  Ó  S  T
J  T  R  N  S  R  H  Z  W  X  L  N  X  R
N  É  G  U  R  S  B  Y  L  H  E  X  S  A
O  K  R  L  G  E  Z  Z  C  X  N  C  Z  T
K  O  W  N  A  N  T  Í  U  G  F  K  A  É
P  S  F  I  J  Y  Z  R  V  F  É  I  B  G
O  U  F  F  E  H  É  R  B  Á  L  R  Á  I
N  O  E  P  N  P  D  Y  L  L  J  Á  L  A
T  L  K  I  R  Á  L  Y  I  D  Ő  L  Y  F
O  I  E  O  N  H  J  S  H  O  I  Y  O  N
K  N  T  L  S  D  X  K  K  Z  X  N  K  C
H  L  E  V  T  O  R  N  A  A  R  Ő  I  F
C  U  P  S  I  Z  J  J  Á  T  É  K  V  F
```

BAJNOK	SZABÁLYOK
ÁTLÓS	FEKETE
ELLENFÉL	JÁTÉK
OKOS	JÁTÉKOS
KIRÁLY	STRATÉGIA
KIRÁLYNŐ	TORNA
TANULNI	FEHÉR
ÁLDOZAT	VERSENY
PASSZÍV	IDŐ
PONTOK	

72 - Erhaltung

```
C C T L X O I L A D Ö O Ú S
F S Z E V Í Z R H H N E J Z
E J Ö Z R N G G E J K U R E
N F L K T M E N G R É I A R
N P D É K P É J É E N C H V
T O O G Z E S S S J T É A E
A K W H P S N R Z E E L S S
R T T A J Z N T S E S Ő Z H
T A H J P T A T É T T H N P
H T U L P I P T G S H E O N
A Á T A C C C O G T G L S B
T S J T N I J V P M O Y Í N
Ó J S S T D C I K L U S T O
V E G Y S Z E R E K S P J J
```

OKTATÁS
VEGYSZEREK
ÖNKÉNTES
EGÉSZSÉG
ZÖLD
ÉGHAJLAT
ÉLŐHELY
FENNTARTHATÓ

TERMÉSZETES
SZERVES
PESZTICID
ÚJRAHASZNOSÍT
CSÖKKENTÉS
VÍZ
CIKLUS

73 - Geographie

```
S  N  F  O  L  Y  Ó  Z  M  C  F  X  H  W
K  M  E  R  I  D  I  Á  N  Y  U  G  A  T
I  M  X  S  Z  É  L  E  S  S  É  G  L  I
T  P  S  Z  I  G  E  T  O  O  R  D  I  A
E  É  F  Á  G  E  G  Y  E  N  L  Í  T  Ő
N  A  R  G  N  M  A  I  P  A  G  G  E  V
G  A  M  K  O  N  T  I  N  E  N  S  R  Á
E  T  A  Y  É  W  W  V  I  D  É  K  Ü  R
R  L  G  N  F  P  N  Ó  I  J  S  S  L  O
S  J  A  T  P  Y  U  C  W  V  Z  G  E  S
O  D  S  F  É  L  T  E  K  E  A  G  T  S
B  I  S  H  E  G  Y  Á  Z  I  K  N  H  H
V  E  Á  R  H  N  I  N  A  T  L  A  S  Z
O  E  G  V  I  L  Á  G  S  X  S  V  K  T
```

ATLASZ	KONTINENS
EGYENLÍTŐ	ORSZÁG
HEGY	TENGER
SZÉLESSÉG	MERIDIÁN
FOLYÓ	ÉSZAK
TERÜLET	ÓCEÁN
FÉLTEKE	VIDÉK
MAGASSÁG	VÁROS
SZIGET	VILÁG
TÉRKÉP	NYUGAT

74 - Zahlen

```
T I Z E N K I L E N C T T D
I E X T I Z E D E S P I I T
Z Y T I Z E N H É T Í Z Z I
E H L Z N D L Ú É N S E E Z
N Y B E B Z S S T T C N N E
H J C N K H J Z G U V H N N
Á A K N K E T T Ő Y X A É Ö
R Z T Y K I L E N C Z T G T
O M C O O I U S É R I V Y A
M H P L N D N V G N U L L A
N P O C G L F Y Y L A L R S
E M A A W H Á R O M B Ö V H
X H V P H W Z K H L V T A Y
T I Z E N K E T T Ő C A A D
```

NYOLC
TIZENNYOLC
TIZEDES
HÁROM
TIZENHÁROM
ÖT
TIZENÖT
KILENC
TIZENKILENC
NULLA

HAT
TIZENHAT
HÉT
TIZENHÉT
NÉGY
TIZENNÉGY
TÍZ
HÚSZ
KETTŐ
TIZENKETTŐ

75 - Kunst Liefert

```
F  A  S  Z  É  N  I  K  R  J  N  L  J  P
C  E  R  U  Z  Á  K  A  A  A  Z  O  K  V
E  O  S  W  B  T  L  M  G  S  G  J  R  G
C  L  Z  T  I  N  I  E  A  Z  K  Y  E  A
S  A  Í  I  Ő  K  R  R  S  É  O  W  A  E
E  J  N  N  V  Á  L  A  Z  K  M  T  T  G
T  Z  E  T  Í  A  L  C  T  F  G  P  I  Ö
E  P  K  A  Z  R  M  L  Ó  S  V  T  V  T
K  A  K  R  I  L  R  R  V  M  B  G  I  L
V  P  A  S  Z  T  A  L  O  Á  E  E  T  E
P  Í  L  T  K  X  D  Y  F  V  N  X  Á  T
W  R  N  H  E  E  Í  Z  Y  H  I  Y  S  E
W  O  S  Y  X  N  R  E  I  L  N  M  N  K
L  S  W  H  X  P  Z  M  L  L  I  S  A  M
```

AKRIL	OLAJ
CERUZÁK	PAPÍR
ECSETEK	RADÍR
SZÍNEK	FESTŐÁLLVÁNY
FASZÉN	SZÉK
ÖTLETEK	ASZTAL
KAMERA	TINTA
KREATIVITÁS	AGYAG
RAGASZTÓ	VÍZ

76 - Tage und Monate

```
P  N  O  V  E  M  B  E  R  B  P  Y  Y  Z
H  É  J  Ú  N  I  U  S  J  A  N  U  Á  R
Ó  T  N  A  U  G  U  S  Z  T  U  S  A  P
N  A  P  T  Á  R  A  Y  N  B  X  E  J  H
A  Y  P  W  E  V  A  S  Á  R  N  A  P  É
P  H  É  T  U  K  E  D  D  R  D  É  D  T
J  Ú  L  I  U  S  X  I  O  X  F  V  C  F
S  Z  O  M  B  A  T  G  O  W  E  L  A  Ő
D  E  C  E  M  B  E  R  K  O  B  W  W  L
N  E  K  I  C  C  S  Ü  T  Ö  R  T  Ö  K
D  N  S  S  L  P  B  E  Ó  A  U  P  Y  L
T  W  G  E  R  B  A  C  B  R  Á  N  P  B
S  Z  E  R  D  A  J  I  E  B  R  X  I  A
N  Y  Z  M  L  H  A  L  R  O  M  K  Z  B
```

AUGUSZTUS	NAPTÁR
DECEMBER	SZERDA
KEDD	HÓNAP
CSÜTÖRTÖK	HÉTFŐ
FEBRUÁR	NOVEMBER
PÉNTEK	OKTÓBER
ÉV	SZOMBAT
JANUÁR	VASÁRNAP
JÚLIUS	HÉT
JÚNIUS	

77 - Piraten

```
K S Y S É W B L V R P S J J
A A Z S T R N T J O A T L N
R X P I T U M B D S P R B Z
D D A I G M L É G S A A A G
S Z U R T E Z B K Z G N R G
E H M M U Á T G A H Á D L H
Z G F T N N N K L E J W A O
Á I R V B U I Y A G R G N R
S R V E W R K I N C S A G G
Z Á J S H J Z I D C B Y O O
L N N Z L E G É N Y S É G N
Ó Y T É R K É P F W E G F Y
E T J L L E G E N D A Z U A
C Ű M Y Z A R A N Y M B I L
```

KALAND	IRÁNYTŰ
HORGONY	LEGENDA
LEGÉNYSÉG	ÉRMÉK
ZÁSZLÓ	HEG
VESZÉLY	PAPAGÁJ
ARANY	RUM
BARLANG	KINCS
SZIGET	ROSSZ
KAPITÁNY	KARD
TÉRKÉP	STRAND

78 - Emotionen

```
E  P  N  Y  U  G  A  L  O  M  P  S  G  F
T  A  R  T  A  L  O  M  C  E  F  Z  I  É
K  E  D  V  E  S  S  É  G  G  U  O  Z  L
H  Á  L  Á  S  Z  A  E  M  L  N  M  G  E
H  K  K  S  C  E  O  G  K  E  A  O  A  L
S  A  K  L  Ö  R  Ö  M  N  P  L  R  T  E
Z  F  R  A  A  E  R  U  W  E  O  Ú  O  M
I  W  M  A  E  T  C  S  M  T  M  S  T  L
M  B  C  D  G  E  U  V  G  É  L  Á  T  J
P  M  É  Z  F  T  K  K  I  S  R  G  M  J
Á  Z  S  K  G  Y  E  N  G  É  D  S  É  G
T  Z  B  B  E  N  Y  U  G  O  D  T  L  O
I  E  L  É  G  E  D  E  T  T  Z  U  R  G
A  C  A  I  R  E  Z  A  V  A  R  T  B  R
```

FÉLELEM	SZERETET
IZGATOTT	NYUGALOM
ZAVART	NYUGODT
HÁLÁS	SZIMPÁTIA
ÖRÖM	SZOMORÚSÁG
KEDVESSÉG	MEGLEPETÉS
BÉKE	HARAG
TARTALOM	GYENGÉDSÉG
UNALOM	ELÉGEDETT

79 - Zu Füllen

```
B V N K Á D T X U S L D L B
Ő O W H A J V P E U Á U C A
R T R D L R J C D K D F T E
Ö R C Í B P T Á L C A S L F
N C S Ő T O F O J R B S R I
D S J K K É Y E N H O R D Ó
K O W O O U K E C A J W O K
M M K S R E K I R J I K B O
I A D Á S V C Ü P Ó P B O M
B G P R Ó Á O V Ö D Ö R Z G
T N V P J Z S E B D M X A A
H N X X A A R G O H L G K S
G R C J P A F M B S B K K O
C A F I G B R X X A C R B K
```

DOBOZ	CSOMAG
VÖDÖR	CSŐ
HORDÓ	HAJÓ
ÜVEG	FIÓK
KARTON	TÁLCA
LÁDA	ZSEB
BŐRÖND	BORÍTÉK
KOSÁR	VÁZA
KORSÓ	KÁD
MAPPA	

80 - Surfen

```
S  M  N  S  Z  É  L  S  Ő  S  É  G  E  S
P  Ó  É  H  Á  F  Ú  S  Z  N  I  D  R  L
R  K  P  A  T  L  É  T  A  U  A  K  Ő  S
A  A  S  B  O  F  I  R  K  X  L  O  M  D
Y  T  Z  G  N  L  B  A  S  E  G  X  A  Z
O  O  E  Y  Y  U  A  N  K  T  Z  Y  H  S
Y  U  R  O  X  R  J  D  F  G  Í  D  V  E
R  Y  Ű  M  C  K  N  C  H  L  F  L  Ő  B
H  Z  X  O  G  T  O  T  L  O  E  R  U  E
U  D  H  R  Ó  I  K  G  O  V  F  Z  J  S
L  F  U  P  C  X  I  D  Ő  J  Á  R  Á  S
L  X  E  M  E  L  U  C  R  A  J  M  B  É
Á  L  Y  B  Á  H  V  N  W  T  Ö  M  E  G
M  A  F  A  N  L  Y  U  D  J  V  J  H  U
```

KEZDŐ	HAB
ATLÉTA	ÚSZNI
NÉPSZERŰ	MÓKA
BAJNOK	SPRAY
SZÉLSŐSÉGES	ERŐ
SEBESSÉG	STÍLUS
GYOMOR	STRAND
TÖMEG	HULLÁM
ÓCEÁN	IDŐJÁRÁS
ZÁTONY	

81 - Möbel

```
M  G  F  E  Í  E  J  H  C  O  I  P  F  H
C  A  U  H  P  R  S  Z  É  K  L  Á  Ü  L
G  K  T  E  B  T  Ó  P  Z  H  M  R  G  W
B  O  O  R  I  K  W  A  T  Z  D  N  G  F
E  C  N  P  A  Z  C  P  S  G  P  A  Ő  O
F  S  O  H  S  C  Y  L  W  Z  M  L  Á  T
P  O  L  C  O  K  V  A  R  K  T  T  G  E
V  M  Á  S  W  A  W  N  R  V  Y  A  Y  L
X  Y  M  Z  R  D  P  O  E  M  B  Z  L  D
T  G  P  Ő  V  J  F  K  L  K  O  M  Ó  D
Ü  W  A  N  D  D  T  E  D  B  I  I  O  E
K  Ö  N  Y  V  E  S  P  O  L  C  A  R  U
Ö  A  J  E  K  A  N  A  P  É  O  H  F  E
R  C  Á  G  Y  A  V  D  R  H  B  W  Y  Y
```

PAD	LÁMPA
ÁGY	MATRAC
PAPLANOK	POLCOK
KÖNYVESPOLC	ARMOIRE
KANAPÉ	ÍRÓASZTAL
FUTON	FOTEL
FÜGGŐÁGY	TÜKÖR
PÁRNA	SZÉK
KOMÓD	SZŐNYEG

82 - Kräuterkunde

```
L W X U B A Z S A L I K O M
S Á F R Á N Y K B R D L P H
K A K U K K F Ű Z K O L F B
T Á R K O N Y G J J K M C T
É D E S K Ö M É N Y E W Á A
F W E U Y A G V Y D R S W S
O V I R Á G P V L W T W O L
K Í Z S L E K O N Y H A I H
H E Ö E H A Z Y R W B R Z K
A E L Ő N Y Ö S R U N T F W
G U D A L M A J O R Á N N A
Y M I N Ő S É G I H P C T T
M L E V E N D U L A F B Z T
A I R O Z M A R I N G X W P
```

AROMÁS	FOKHAGYMA
BAZSALIKOM	KONYHAI
VIRÁG	LEVENDULA
KAPOR	MAJORÁNNA
TÁRKONY	MINŐSÉG
ÉDESKÖMÉNY	ROZMARING
KERT	SÁFRÁNY
ÍZ	KAKUKKFŰ
ZÖLD	ELŐNYÖS

83 - Tugenden #1

```
P  M  H  K  V  N  A  G  Y  L  E  L  K  Ű
D  Ű  A  L  I  L  E  D  V  D  C  W  N  S
V  V  T  A  C  N  B  B  Ö  L  C  S  N  Z
M  É  É  V  C  S  J  C  F  N  I  V  F  E
W  S  K  B  E  T  E  G  E  Z  T  H  D  R
T  Z  O  V  S  X  R  E  K  E  N  Ő  L  É
T  I  N  F  Ü  G  G  E  T  L  E  N  B  N
J  I  Y  G  Y  A  K  O  R  L  A  T  I  Y
J  V  S  M  T  Y  K  Í  V  Á  N  C  S  I
D  A  M  Z  V  Y  C  H  A  S  Z  N  O  S
X  Z  I  N  T  E  L  L  I  G  E  N  S  I
Z  J  J  B  L  A  B  Á  J  O  S  W  J  Z
K  D  X  M  E  G  B  Í  Z  H  A  T  Ó  V
S  Z  E  N  V  E  D  É  L  Y  E  S  N  E
```

SZERÉNY	VICCES
BÁJOS	MŰVÉSZI
HATÉKONY	SZENVEDÉLYES
DÖNTŐ	KÍVÁNCSI
BETEG	GYAKORLATI
NAGYLELKŰ	TISZTA
JÓ	FÜGGETLEN
HASZNOS	BÖLCS
INTELLIGENS	MEGBÍZHATÓ

84 - Aktivitäten und Freizeit

```
T  Z  K  O  Z  Ú  X  C  V  R  M  V  B  P
F  N  E  D  M  S  P  C  C  Ö  Ű  Á  Ú  I
M  G  R  V  C  Z  E  H  K  P  V  S  V  H
K  M  T  B  V  Á  D  A  E  L  É  Á  Á  E
F  O  É  J  O  S  J  L  M  A  S  R  R  N
U  F  S  O  V  K  L  Á  P  B  Z  L  K  T
T  E  Z  Á  E  E  S  S  I  D  E  Á  O  E
B  S  K  E  R  D  U  Z  N  A  T  S  D  T
A  T  E  H  S  L  T  A  G  O  L  F  Á  Ő
L  M  D  N  E  N  A  T  U  C  H  I  S  P
L  É  É  O  N  R  Z  B  T  E  N  I  S  Z
X  N  S  J  Y  O  Á  B  D  H  I  B  P  K
A  Y  S  Z  W  D  S  R  V  A  Y  B  E  D
B  A  S  E  B  A  L  L  S  A  T  V  Z  C
```

HALÁSZAT	FESTMÉNY
BASEBALL	GOLF
KOSÁRLABDA	MŰVÉSZET
BOKSZ	UTAZÁS
KEMPING	VERSENY
VÁSÁRLÁS	ÚSZÁS
PIHENTETŐ	BÚVÁRKODÁS
FUTBALL	TENISZ
KERTÉSZKEDÉS	RÖPLABDA

85 - Formen

```
T É G L A L A P Y O C E Z O
H Á R O M S Z Ö G L X G W V
K E R E K L F L D D O L U Á
O Ú E E P V H T A A K R V L
P S P A T K L M D L W O U I
R P O O S T N É G Y Z E T S
I B I N P R E L Ö I D Y M R
Z P S R N O N E M Í O D R O
M I H R A L L K B V D X V A
A Y G W O M X I T S A R O K
K O C K A W I M G B M G N Ö
H E N G E R I S C O R O A R
L E L L I P S Z I S N U L X
H I P E R B O L A E H F R K
```

ÍV	OVÁLIS
HÁROMSZÖG	POLIGON
SAROK	PRIZMA
ELLIPSZIS	PIRAMIS
HIPERBOLA	NÉGYZET
ÉLEK	TÉGLALAP
KÚP	KEREK
KÖR	OLDAL
GÖMB	KOCKA
VONAL	HENGER

86 - Adjektive #2

```
R U B Y K T G J N T W G F J
H C J É I A H N O P Ú I R N
Y S J H B Ü S Z K E J M E H
Z E Ó E G É S Z S É G E S I
F L A S V J R C F N G L T T
F K Y B G R A D E G H E E E
E R Ő S N X J R E O O Í R L
L E I U O A P Á H K D R M E
E A X S B H C M E M E Ó E S
L T K A S Í X A T R N S L N
Ő Í Z F K R Z I Ő G M X Ő U
S V V W X E N O R M Á L V U
E A N V F S E L E G Á N S G
V D D T E R M É S Z E T E S
```

HITELES
HÍRES
LEÍRÓ
DRÁMAI
ELEGÁNS
EHETŐ
FRISS
EGÉSZSÉGES
ÉHES
ÉRDEKES

KREATÍV
TERMÉSZETES
ÚJ
NORMÁL
TERMELŐ
SÓS
ERŐS
BÜSZKE
FELELŐS
VAD

87 - Kleidung

```
K E W É K S Z E R E K T L X
B O A D W L Z X Y F C G F S
Y H W F J D W O W X G V B E
N W P D G P O L K Ö T É N Y
D Z S E K I U D I N G W K X
O W D V E K A L A P Y F O O
P I Z S A M A P Ó L I A V N
N G K A B Á T S J V K W F R
I N Y A K L Á N C X E U R W
F A R M E R Ú F V S S R C N
R D C I P Ő S Z R T Z U K J
W R K A R K Ö T Ő F T H X V
Z Á S Á L M V R I D Y A F Y
C G D I V A T T R X Ű B V J
```

KARKÖTŐ	RUHA
BLÚZ	KABÁT
ÖV	DIVAT
NYAKLÁNC	PULÓVER
KESZTYŰ	SZOKNYA
ING	SÁL
NADRÁG	PIZSAMA
KALAP	ÉKSZEREK
DZSEKI	CIPŐ
FARMER	KÖTÉNY

88 - Sommer

```
Y  K  R  B  Z  A  I  E  D  M  K  L  Y  Z
X  I  N  Ú  S  Z  N  I  M  K  I  O  S  E
N  K  G  V  X  D  N  H  Z  L  P  O  S  N
H  A  J  Á  T  É  K  O  K  S  É  D  O  E
J  P  Ö  R  Ö  M  E  Y  V  Z  J  K  D  V
K  C  K  K  M  C  R  R  H  A  F  E  E  C
C  S  Ö  O  B  S  T  R  A  N  D  M  E  K
S  O  N  D  Y  A  W  L  E  D  E  P  W  G
A  L  Y  Á  K  T  R  B  F  Á  J  I  C  X
L  Ó  V  S  K  D  N  Á  N  L  Z  N  I  X
Á  D  E  W  B  A  M  M  T  E  N  G  E  R
D  Á  K  U  T  A  Z  Á  S  O  C  U  C  B
M  S  Z  A  B  A  D  I  D  Ő  K  U  H  Z
G  C  S  I  L  L  A  G  O  K  I  V  Y  Z
```

KÖNYVEK	TENGER
KEMPING	ZENE
KIKAPCSOLÓDÁS	UTAZÁS
EMLÉKEK	SZANDÁL
CSALÁD	ÚSZNI
SZABADIDŐ	JÁTÉKOK
ÖRÖM	CSILLAGOK
BARÁTOK	STRAND
KERT	BÚVÁRKODÁS

89 - Farben

```
H  P  U  W  N  O  N  C  S  F  F  E  L  G
B  W  R  M  E  Z  U  U  Z  U  E  D  N  I
B  A  I  N  D  I  G  Ó  É  K  K  F  W  W
Í  I  R  K  N  P  K  E  P  S  E  T  E  P
B  B  J  N  R  I  Y  I  I  Z  T  L  K  V
O  I  T  A  A  R  N  C  A  I  E  P  E  D
R  B  B  R  R  O  C  I  G  A  R  H  C  U
V  O  S  A  O  S  I  I  S  Z  Ü  R  K  E
Ö  L  X  N  Z  Z  E  C  Á  E  A  T  É  H
R  Y  X  C  N  Ö  D  F  B  N  V  Y  K  O
Ö  A  L  S  K  L  S  G  B  É  Z  S  C  U
S  Á  R  G  A  D  F  E  H  É  R  L  M  J
L  I  L  A  R  Ó  Z  S  A  S  Z  Í  N  O
D  Z  I  D  U  I  O  B  A  K  V  Z  W  L
```

BÉZS	BÍBORVÖRÖS
KÉK	NARANCS
BARNA	RÓZSASZÍN
FUKSZIA	PIROS
SÁRGA	FEKETE
SZÜRKE	SZÉPIA
ZÖLD	IBOLYA
INDIGÓ	FEHÉR
LILA	CIÁN

90 - Haus

```
A  J  T  Ó  U  X  W  Z  O  H  T  R  P  K
M  B  Ú  T  O  R  W  U  U  D  K  N  P  A
E  L  L  Z  T  T  X  H  U  A  K  P  E  N
N  Á  P  A  N  Ü  S  A  N  Z  G  E  A  D
N  M  C  G  K  K  Ö  N  Y  V  T  Á  R  A
Y  P  P  S  K  Ö  S  Y  S  W  G  H  S  L
E  A  A  K  E  R  Í  T  É  S  A  Á  Z  L
Z  M  D  O  R  P  V  C  T  G  R  L  O  Ó
E  A  L  N  T  R  R  E  O  G  Á  Ó  B  H
T  T  Á  Y  X  G  R  Ű  G  J  Z  S  A  H
T  E  S  H  F  O  I  B  C  D  S  Z  A  R
A  T  K  A  A  K  É  M  É  N  Y  O  G  A
G  Ő  A  F  L  U  I  Y  X  P  U  B  Y  H
X  T  H  F  H  Y  Y  B  O  D  W  A  S  A
```

SEPRŰ	KONYHA
KÖNYVTÁR	LÁMPA
TETŐ	BÚTOR
PADLÁS	HÁLÓSZOBA
MENNYEZET	KÉMÉNY
ZUHANY	TÜKÖR
ABLAK	AJTÓ
GARÁZS	FAL
KERT	KERÍTÉS
KANDALLÓ	SZOBA

91 - Bauernhof #1

```
Z  J  E  M  É  H  S  D  K  N  I  N  H  I
O  F  T  R  A  I  E  U  V  F  U  Z  M  O
Z  C  C  F  Ö  L  D  K  U  T  Y  A  E  S
B  S  U  S  T  Ó  A  V  A  R  J  Ú  Z  Z
J  O  G  V  Z  N  A  C  Z  M  J  G  Ő  É
W  C  R  I  E  V  T  S  T  E  U  E  C  N
C  C  N  J  W  Í  U  I  T  X  A  K  L  A
M  N  U  T  Ú  Z  S  R  N  K  U  E  V  K
A  É  H  R  M  F  W  K  F  O  Y  R  S  E
C  D  Z  Á  F  M  T  E  H  É  N  Í  Z  C
S  K  J  G  A  C  A  M  B  L  R  T  A  S
K  K  K  Y  K  H  N  C  T  L  A  É  M  K
A  P  J  A  P  S  N  U  R  I  Z  S  Á  E
M  E  Z  Ő  G  A  Z  D  A  S  Á  G  R  P
```

MÉH	VARJÚ
TRÁGYA	TEHÉN
SZAMÁR	FÖLD
MEZŐ	MEZŐGAZDASÁG
SZÉNA	LÓ
MÉZ	RIZS
CSIRKE	MALAC
KUTYA	VÍZ
BORJÚ	KERÍTÉS
MACSKA	KECSKE

92 - Berufe #1

```
C P S Z I C H O L Ó G U S Á
S S S E B E B T G O B K Á P
I N Z J Y D A Á E Z A Ö L O
L A É E T Z Z N O O N N L L
L G K H R Ő F C L N K Y A Ó
A Y S G S E J O Ó G Á V T W
G K Z P L Ü L S G O R E O I
Á Ö E M Y G O Ő U R T L R F
S V R R Ű Y J J S I V Ő V M
Z E É N V V A D Á S Z S O O
P T S M L É É H V T N Z S R
H C Z W T D K S A A S A E V
Z E N É S Z Y V Z B T B L O
T É R K É P É S Z C N Ó S S
```

ORVOS	MŰVÉSZ
CSILLAGÁSZ	SZERELŐ
BANKÁR	ZENÉSZ
NAGYKÖVET	ZONGORISTA
KÖNYVELŐ	PSZICHOLÓGUS
GEOLÓGUS	ÜGYVÉD
VADÁSZ	SZABÓ
ÉKSZERÉSZ	TÁNCOS
TÉRKÉPÉSZ	ÁLLATORVOS
ÁPOLÓ	EDZŐ

93 - Adjektive #1

```
M  Ő  S  Z  É  P  N  A  K  T  Í  V  A  É
É  F  S  L  F  I  R  Z  P  Ö  C  Ó  B  R
L  I  W  Z  F  B  N  O  V  K  O  R  S  T
Y  K  P  I  I  N  K  N  O  É  R  I  Z  É
A  H  R  I  I  N  V  O  N  L  A  Á  O  K
E  Y  P  E  L  R  T  S  Z  E  R  S  L  E
W  L  B  Y  L  L  W  E  Ó  T  O  I  Ú  S
J  J  Y  L  F  A  X  X  Y  E  M  X  T  F
G  I  M  Ű  V  É  S  Z  I  S  Á  U  N  M
N  Z  F  O  N  T  O  S  C  P  S  S  R  M
P  K  N  M  D  G  P  F  Ú  A  U  U  O  I
R  I  S  B  O  E  Á  R  T  A  T  L  A  N
V  É  K  O  N  Y  R  B  O  L  D  O  G  Z
R  N  S  Ö  T  É  T  N  E  H  É  Z  K  Y
```

ABSZOLÚT	LASSÚ
AKTÍV	MODERN
AROMÁS	TÖKÉLETES
VONZÓ	ÓRIÁSI
SÖTÉT	SZÉP
VÉKONY	NEHÉZ
ŐSZINTE	MÉLY
BOLDOG	ÁRTATLAN
AZONOS	ÉRTÉKES
MŰVÉSZI	FONTOS

94 - Mathematik

```
A  M  H  T  Á  Ö  Y  R  N  F  Y  E  R  S
S  E  Á  É  I  T  S  Z  Ö  G  E  K  G  I
Z  R  R  G  O  D  M  S  U  G  Á  R  Ö  J
I  Ő  O  L  B  R  Y  É  Z  H  G  B  M  N
M  L  M  A  V  X  R  S  R  E  I  B  B  É
M  E  S  L  K  I  T  E  V  Ő  G  J  O  G
E  G  Z  A  T  Ö  R  E  D  É  K  S  I  Y
T  E  Ö  P  Á  R  H  U  Z  A  M  O  S  Z
R  S  G  E  O  M  E  T  R  I  A  M  Z  E
I  K  E  R  Ü  L  E  T  V  M  Y  B  Á  T
A  S  H  C  I  T  I  Z  E  D  E  S  M  S
S  Z  Á  M  T  A  N  G  F  V  E  K  O  P
K  S  Y  U  L  O  F  S  O  L  D  C  K  O
Y  O  T  Z  M  E  G  Y  E  N  L  E  T  N
```

SZÁMTAN	POLIGON
TÖREDÉK	NÉGYZET
TIZEDES	SUGÁR
HÁROMSZÖG	TÉGLALAP
ÁTMÉRŐ	MERŐLEGES
KITEVŐ	ÖSSZEG
GEOMETRIA	SZIMMETRIA
EGYENLET	KERÜLET
GÖMB	SZÖGEK
PÁRHUZAMOS	SZÁMOK

95 - Messungen

```
X  V  I  D  E  S  Ú  L  Y  S  T  V  Y  M
L  I  T  E  R  X  Z  H  Ü  V  E  L  Y  K
M  B  P  D  G  H  M  É  L  Y  S  É  G  T
A  É  E  A  K  R  L  S  L  B  Á  J  T  S
G  V  R  A  I  E  A  Y  K  E  W  W  Y  M
A  O  C  Ő  L  F  G  M  H  B  S  W  X  K
S  K  I  T  O  N  N  A  M  L  R  S  K  E
S  V  L  A  M  U  O  H  V  Y  D  P  É  I
Á  A  U  M  É  N  F  O  K  O  Z  A  T  G
G  R  K  P  T  C  H  S  T  U  F  S  Ö  D
E  T  E  J  E  I  P  S  P  E  M  W  M  D
L  F  V  T  R  A  B  Z  V  T  F  C  E  A
T  I  Z  E  D  E  S  E  D  N  B  U  G  B
K  I  L  O  G  R  A  M  M  A  K  S  N  W
```

SZÉLESSÉG	LITER
BÁJT	TÖMEG
TIZEDES	MÉRŐ
SÚLY	PERC
FOKOZAT	KVART
GRAMM	MÉLYSÉG
MAGASSÁG	TONNA
KILOGRAMM	UNCIA
KILOMÉTER	HÜVELYK
HOSSZ	

96 - Schlösser

```
L N P Á N C É L W H V Z D R
H E R C E G E K N E A Z I U
Y M R P A J Z S Á R K Á N Y
V E R Ő A I K D I C O T A B
G S B X D U U S L E R O S I
K S O N O T D S N G O R Z R
L K A T A P U L T N N O T O
L O T A S B G M K Ő A N I D
P Ó V F E U D Á L I S Y A A
F Z V A K I R Á L Y S Á G L
S M K L G K B D T P U J V O
K A R D E G Y S Z A R V Ú M
P A L O T A N S B X F I M D
U I F G A X U W K W L C T P
```

SÁRKÁNY	LÓ
DINASZTIA	HERCEG
NEMES	HERCEGNŐ
EGYSZARVÚ	BIRODALOM
ERŐD	LOVAG
FEUDÁLIS	PÁNCÉL
KATAPULT	PAJZS
KIRÁLYSÁG	KARD
KORONA	TORONY
PALOTA	FAL

97 - Bauernhof #2

```
L  T  O  F  F  K  U  K  O  R  I  C  A  G
Á  E  P  K  M  É  H  K  A  S  B  K  A  Y
M  J  X  G  Y  Ü  M  Ö  L  C  S  Ö  S  Ü
A  U  L  A  K  X  A  A  W  R  S  X  J  M
Y  H  I  Z  B  V  O  X  F  T  P  A  E  Ö
Y  B  B  D  B  Á  R  Á  N  Y  É  B  R  L
V  R  H  A  C  P  R  É  T  N  R  Ú  T  C
H  Y  G  W  H  W  Ö  P  J  J  E  Z  F  S
T  R  A  K  T  O  R  N  A  J  T  A  U  O
D  G  G  T  L  V  X  Z  T  V  T  I  V  G
S  Z  É  L  M  A  L  O  M  Ö  V  F  J  F
T  F  P  E  O  J  C  P  Á  S  Z  T  O  R
N  Ö  V  É  N  Y  I  N  A  V  K  É  W  K
M  A  M  M  V  T  K  P  A  J  T  A  S  B
```

GAZDA	TEJ
ÖNTÖZÉS	GYÜMÖLCSÖS
MÉHKAS	ÉRETT
KACSA	JUH
GYÜMÖLCS	PÁSZTOR
NÖVÉNYI	PAJTA
ÁRPA	TRAKTOR
LÁMA	BÚZA
BÁRÁNY	RÉT
KUKORICA	SZÉLMALOM

98 - Berufe #2

```
Z  A  H  Y  D  B  F  N  S  K  O  K  N  F
T  K  N  N  X  N  I  F  F  M  R  U  Y  I
A  O  J  K  J  Y  P  O  E  I  V  T  O  L
F  M  O  G  K  E  J  T  L  M  O  A  M  O
N  Z  G  W  E  L  C  Ó  T  Ó  S  T  O  Z
F  O  G  O  R  V  O  S  A  P  G  Ó  Z  Ó
W  C  O  F  T  É  U  E  L  Z  E  U  Ó  F
X  P  M  X  É  S  E  B  Á  S  P  T  S  U
B  I  É  C  S  Z  G  É  L  F  L  A  X  S
F  L  R  O  Z  X  L  S  Ó  K  L  N  G  R
E  Ó  N  A  K  B  V  Z  H  J  K  Á  H  D
S  T  Ö  W  K  Ö  N  Y  V  T  Á  R  O  S
T  A  K  O  D  F  B  Ű  R  H  A  J  Ó  S
Ő  Ú  J  S  Á  G  Í  R  Ó  C  H  I  R  B
```

ORVOS	KERTÉSZ
ŰRHAJÓS	MÉRNÖK
KÖNYVTÁROS	ÚJSÁGÍRÓ
BIOLÓGUS	TANÁR
SEBÉSZ	NYELVÉSZ
NYOMOZÓ	FESTŐ
FELTALÁLÓ	FILOZÓFUS
KUTATÓ	PILÓTA
FOTÓS	FOGORVOS

99 - Erforschung

```
A  I  S  M  E  R  E  T  L  E  N  F  T  I
U  T  A  Z  Á  S  F  G  P  V  Y  E  A  Z
V  E  S  Z  É  L  Y  E  S  X  E  H  N  G
B  Á  T  O  R  S  Á  G  C  H  L  J  U  A
K  U  L  T  Ú  R  Á  K  D  M  V  B  L  L
K  I  M  E  R  Ü  L  T  S  É  G  W  N  O
M  E  G  H  A  T  Á  R  O  Z  Á  S  I  M
A  I  S  T  Á  V  A  D  J  M  A  T  T  K
N  I  F  E  L  F  E  D  E  Z  É  S  Á  H
A  S  G  R  L  J  Y  X  E  I  N  V  V  P
M  J  M  E  A  J  Z  D  E  F  L  H  O  T
O  S  F  P  T  É  R  Z  D  K  T  B  L  J
V  X  R  Z  O  L  G  U  Ú  J  I  O  I  O
T  E  V  É  K  E  N  Y  S  É  G  U  H  F
```

TEVÉKENYSÉG	TANULNI
IZGALOM	BÁTORSÁG
FELFEDEZÉS	ÚJ
MEGHATÁROZÁS	TÉR
KIMERÜLTSÉG	UTAZÁS
TÁVOLI	NYELV
VESZÉLYES	ÁLLATOK
TEREP	ISMERETLEN
KULTÚRÁK	VAD

100 - Wetter

```
P  L  R  A  S  S  W  A  S  Z  Á  L  Y  I
O  J  U  N  E  Z  W  N  F  Z  B  H  R  L
L  W  K  A  I  É  I  S  B  N  E  E  B  W
Á  A  K  J  L  L  S  D  K  Y  L  N  S
R  H  Ő  M  É  R  S  É  K  L  E  T  L  K
I  D  Z  I  H  G  E  G  G  T  Y  N  T  Ő
S  É  G  H  A  J  L  A  T  K  Ö  D  O  K
S  Z  I  V  Á  R  V  Á  N  Y  Ö  A  R  T
F  S  F  K  D  M  W  S  N  J  E  R  N  R
M  E  N  N  Y  D  Ö  R  G  É  S  U  Á  Ó
H  J  I  T  I  J  S  Z  Á  R  A  Z  D  P
P  O  C  I  H  U  R  R  I  K  Á  N  Ó  U
V  I  L  L  Á  M  F  E  L  H  Ő  N  Z  S
M  O  N  S  Z  U  N  V  I  H  A  R  N  I
```

LÉGKÖR	KÖD
VILLÁM	POLÁRIS
SZELLŐ	SZIVÁRVÁNY
MENNYDÖRGÉS	VIHAR
ASZÁLY	HŐMÉRSÉKLET
JÉG	TORNÁDÓ
ÉG	SZÁRAZ
HURRIKÁN	TRÓPUSI
ÉGHAJLAT	SZÉL
MONSZUN	FELHŐ

1 - Ozean

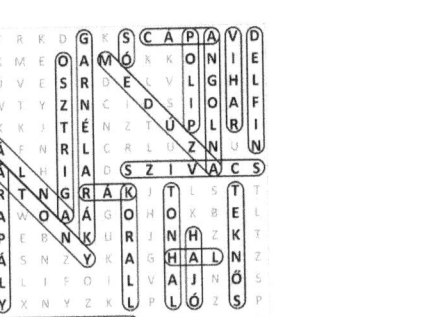

2 - Schule #1

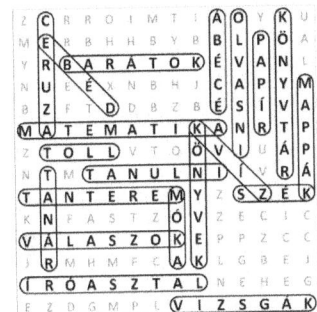

3 - Meditation

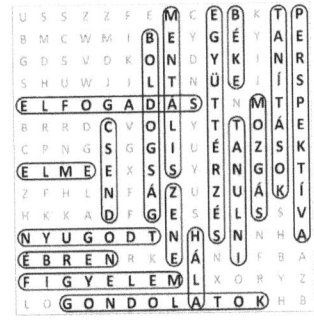

4 - Meisterschaft

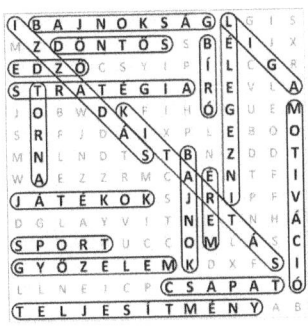

5 - Insekten

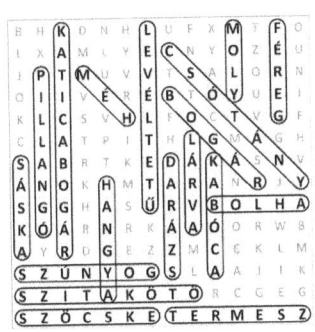

6 - Dinosaurier

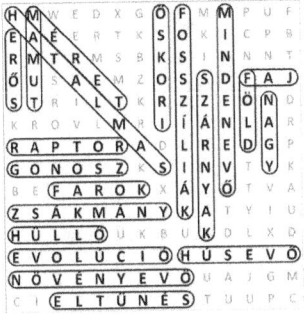

7 - Obst

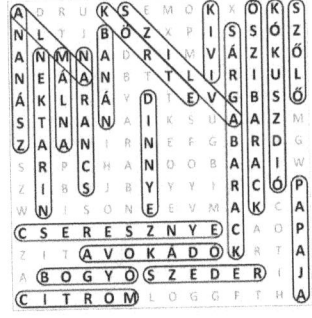

8 - Schule #2

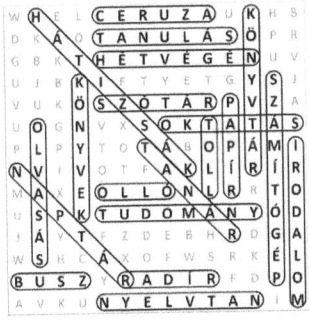

9 - Spielzeuge

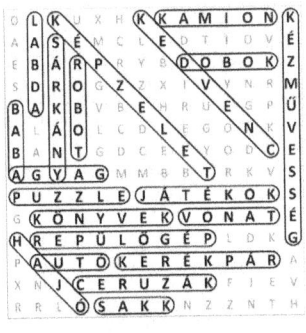

10 - Komödie

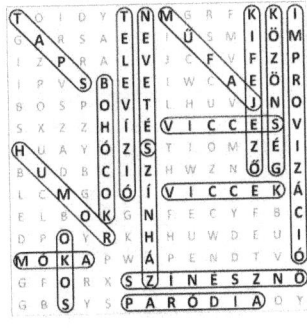

11 - Camping

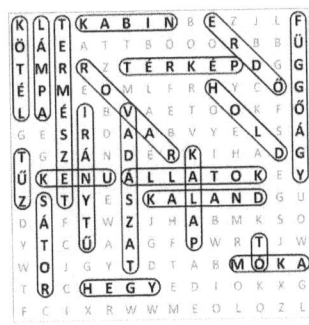

12 - Zeit

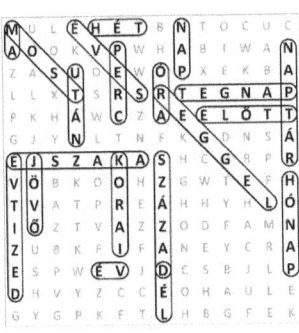

13 - Säugetiere

14 - Astronomie

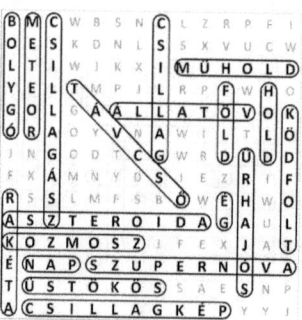

15 - Ballett

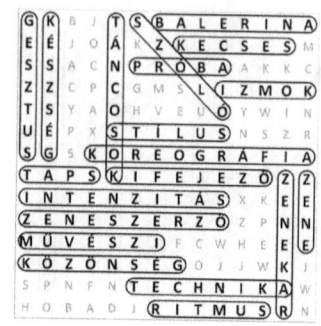

16 - Strand

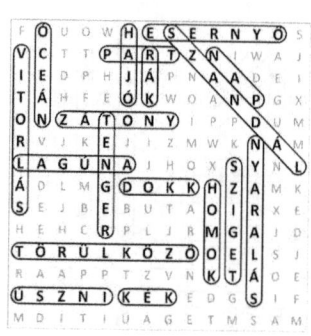

17 - Restaurant #1

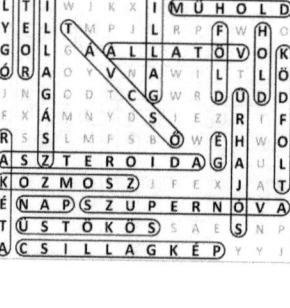

18 - Geologie

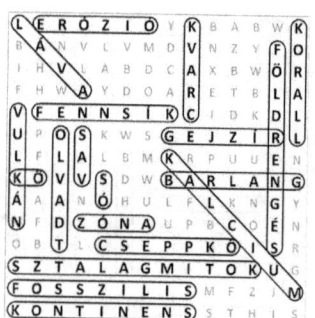

19 - Wissenschaft

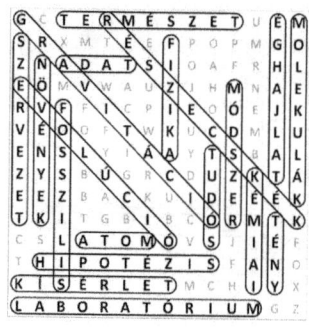

20 - Bildende Kunst

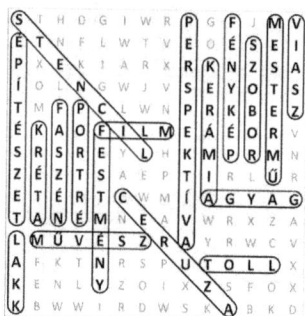

21 - Sport

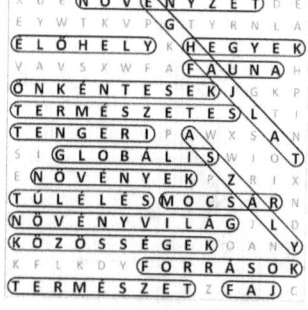

22 - Mythologie

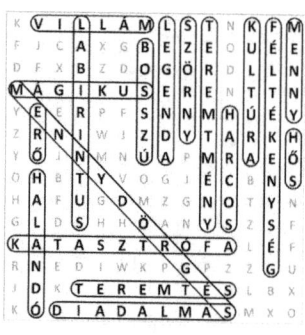

23 - Restaurant #2

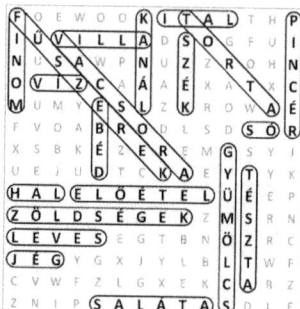

24 - Ökologie

25 - Schokolade

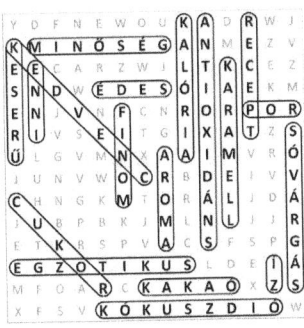

26 - Boote

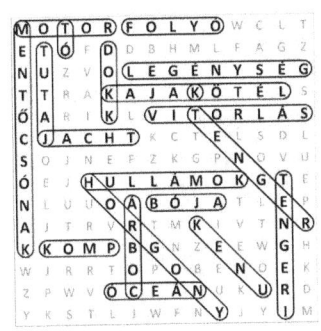

27 - Stadt

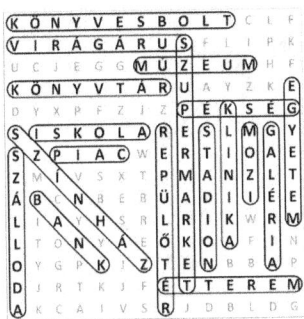

28 - Aktivitäten

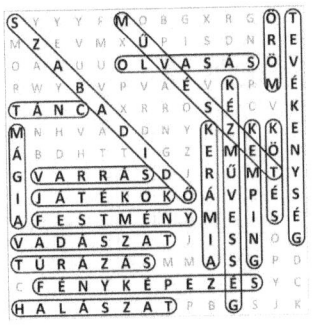

29 - Bienen

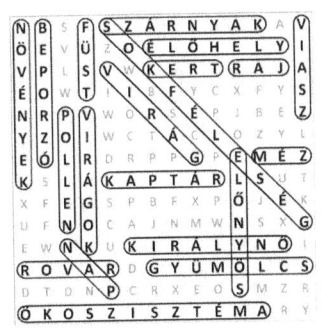

30 - Wissenschaftliche

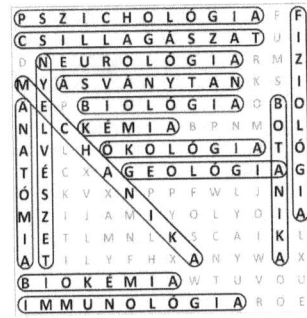

31 - Vögel

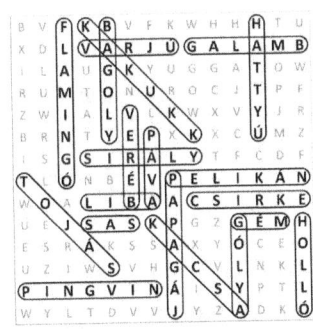

32 - Garten

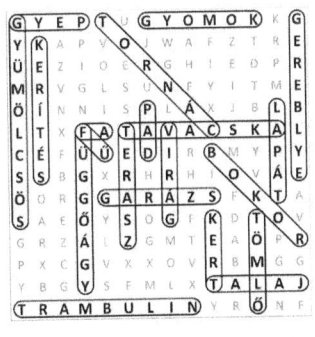

33 - Antarktis

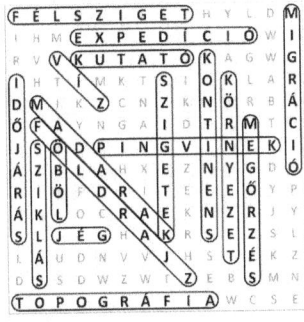

34 - Fahren

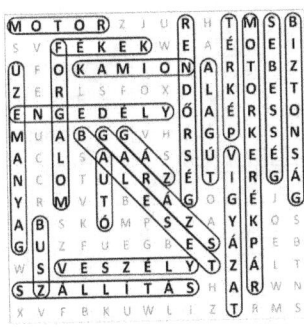

35 - Bücher

36 - Menschlicher Körper

37 - Klettern

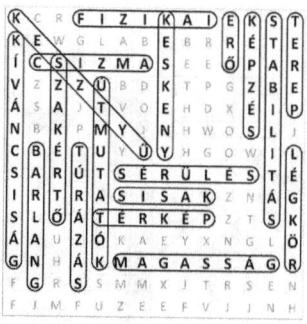

38 - Landschaften

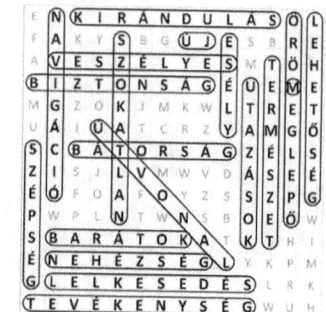

39 - Abenteuer

40 - Flugzeuge

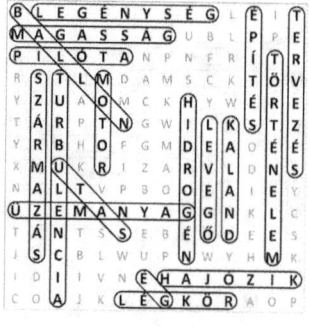

41 - Haartypen

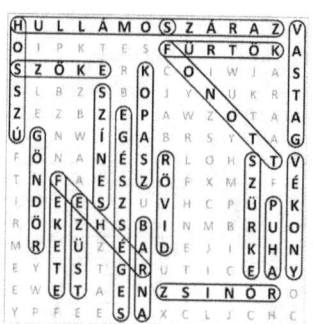

42 - Essen #1

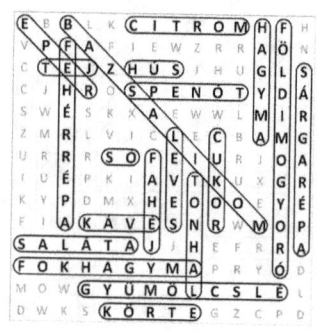

43 - Gebäude

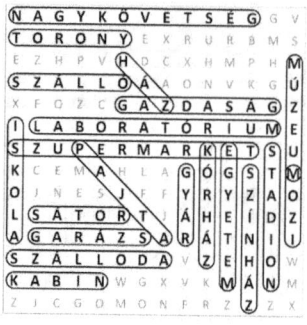

44 - Angeln

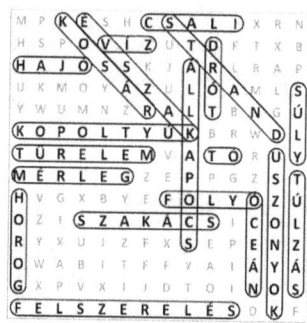

45 - Regenwald

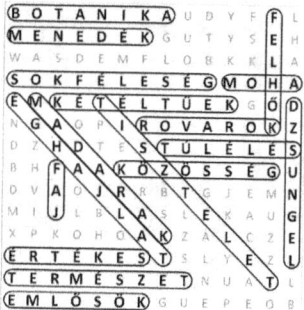

46 - Essen #2

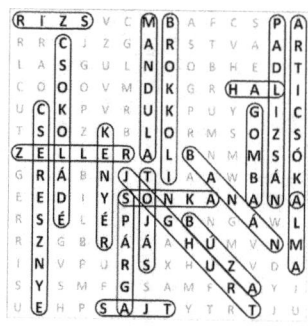

47 - Familie

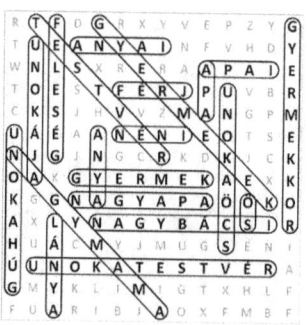

48 - Pflanzen

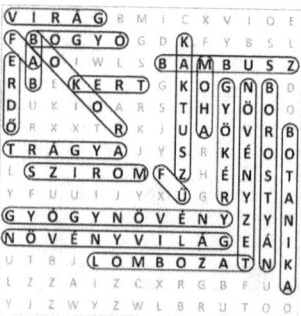

49 - Kunst

50 - Gewürze

51 - Gemüse

52 - Katzen

53 - Tanzen

54 - Ernährung

55 - Technologie

56 - Wasser

57 - Science Fiction

58 - Haustiere

59 - Geburtstag

60 - Literatur

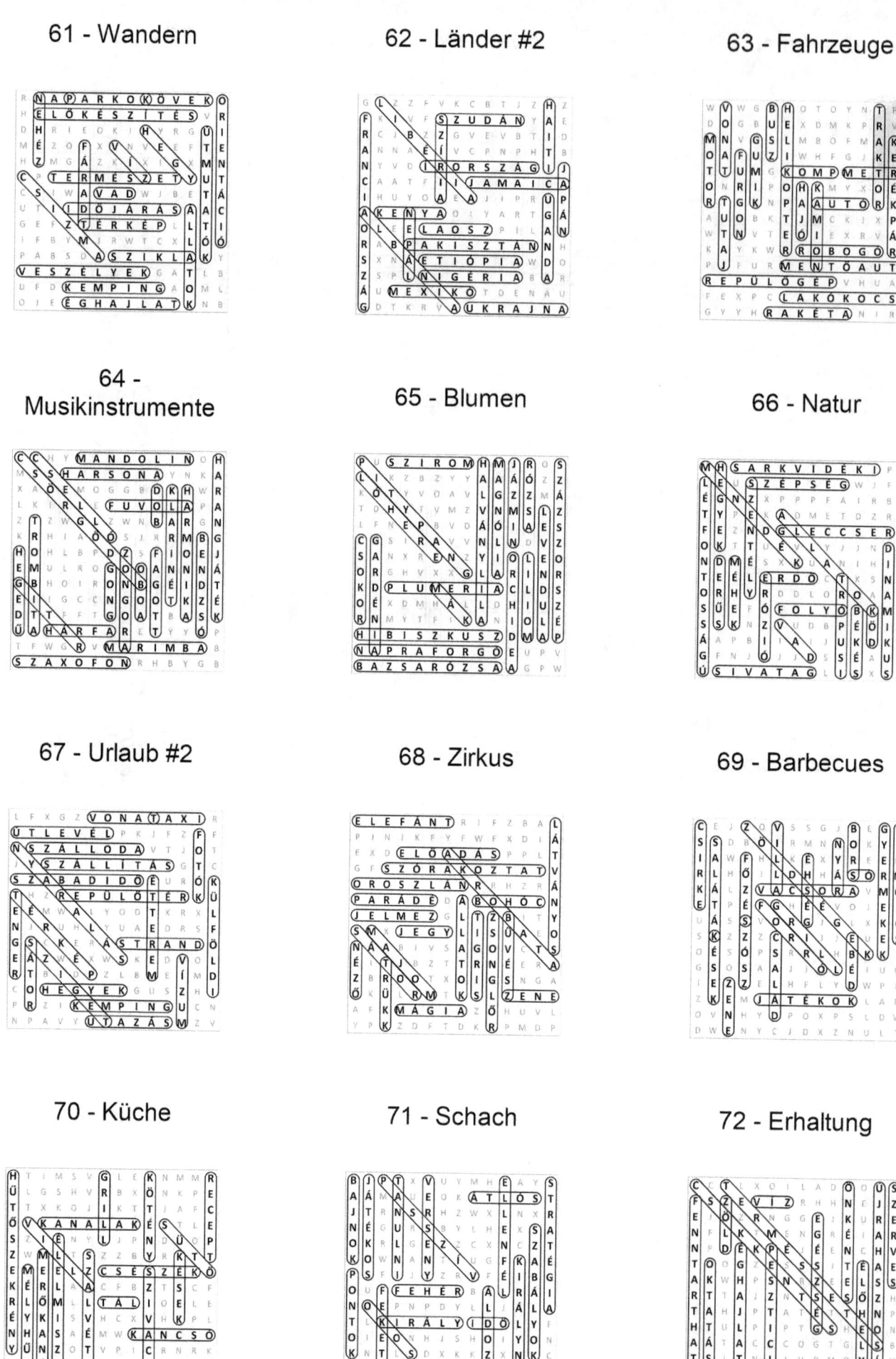

61 - Wandern

62 - Länder #2

63 - Fahrzeuge

64 - Musikinstrumente

65 - Blumen

66 - Natur

67 - Urlaub #2

68 - Zirkus

69 - Barbecues

70 - Küche

71 - Schach

72 - Erhaltung

73 - Geographie

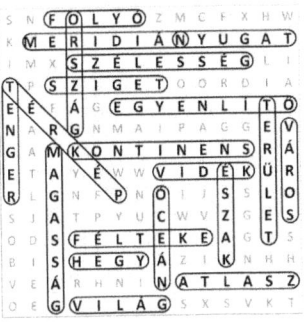

74 - Zahlen

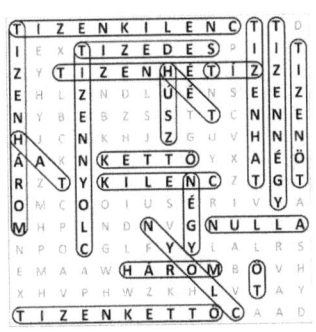

75 - Kunst Liefert

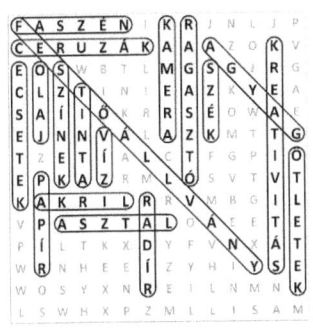

76 - Tage und Monate

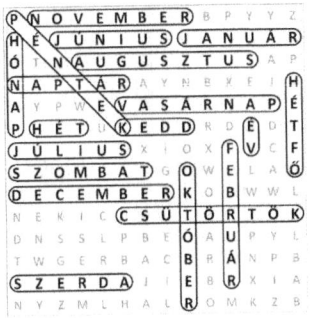

77 - Piraten

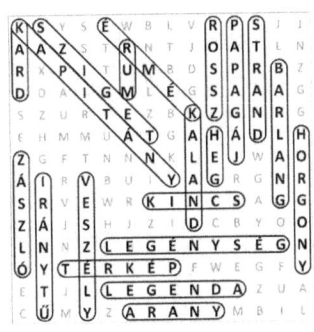

78 - Emotionen

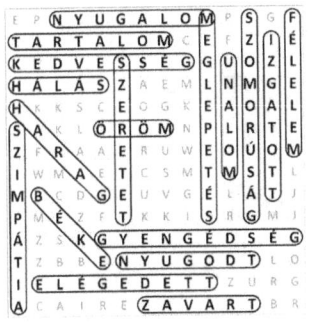

79 - Zu Füllen

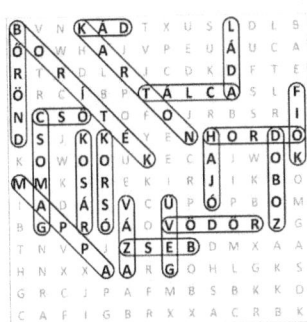

80 - Surfen

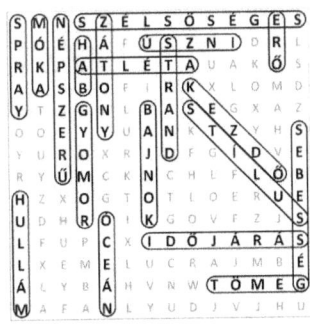

81 - Möbel

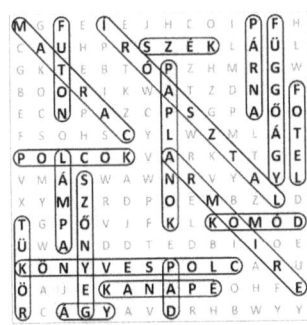

82 - Kräuterkunde

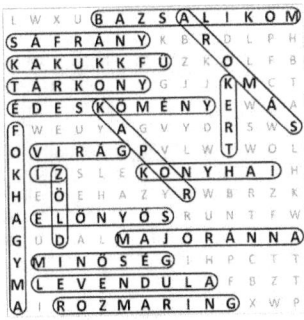

83 - Tugenden #1

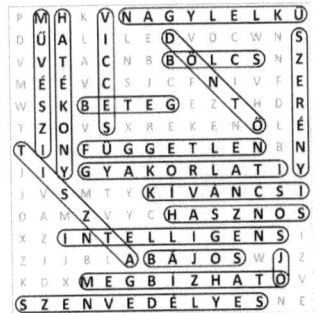

84 - Aktivitäten und Freizeit

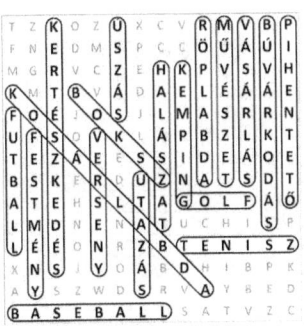

85 - Formen

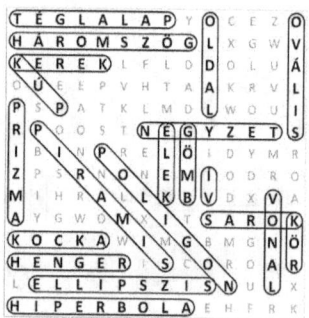

86 - Adjektive #2

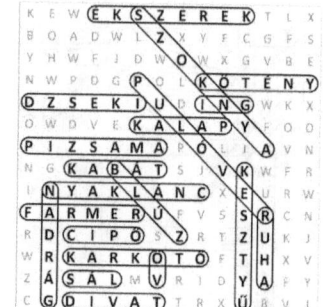

87 - Kleidung

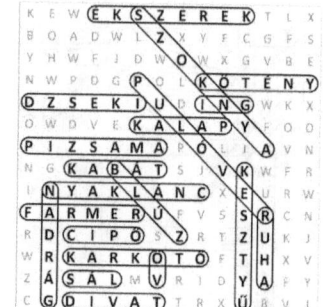

88 - Sommer

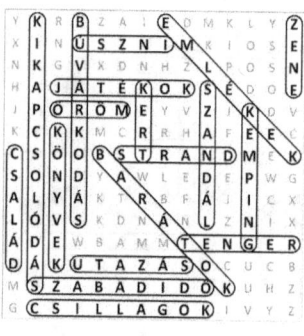

89 - Farben

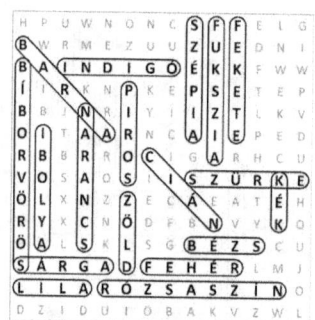

90 - Haus

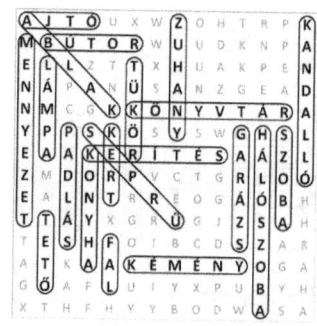

91 - Bauernhof #1

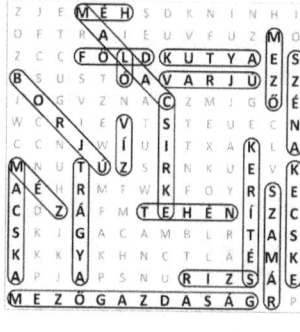

92 - Berufe #1

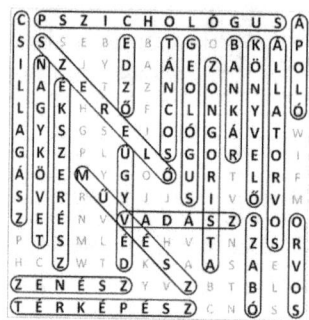

93 - Adjektive #1

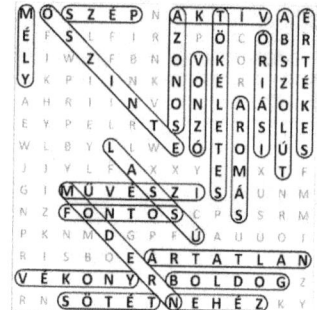

94 - Mathematik

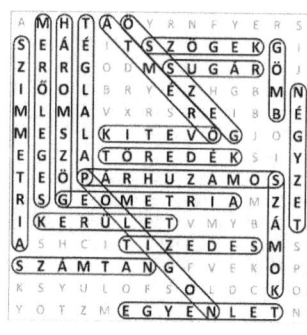

95 - Messungen

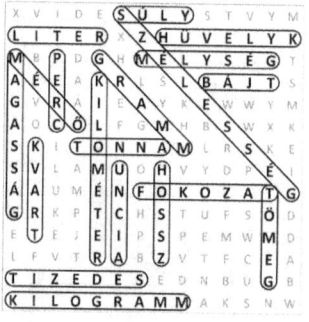

96 - Schlösser

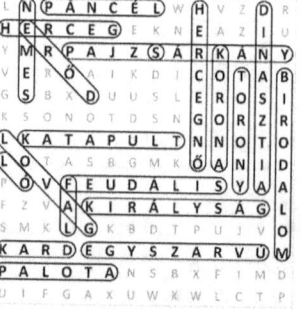

97 - Bauernhof #2

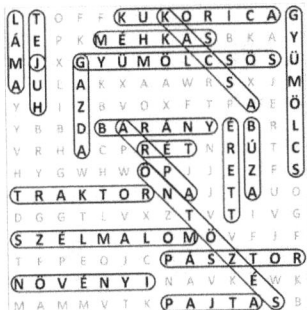

98 - Berufe #2

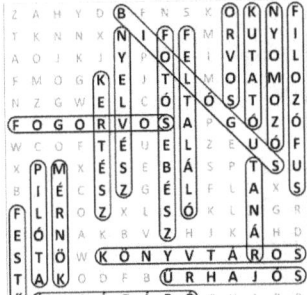

99 - Erforschung

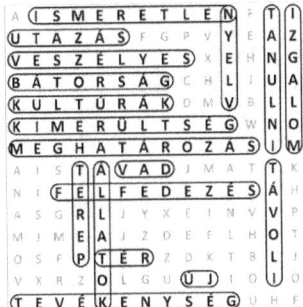

100 - Wetter

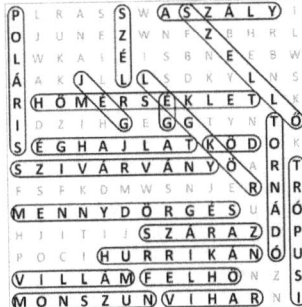

Wörterbuch

Abenteuer
Kaland

Aktivität	Tevékenység
Ausflug	Kirándulás
Begeisterung	Lelkesedés
Chance	Esély
Freude	Öröm
Freunde	Barátok
Gefährlich	Veszélyes
Gelegenheit	Lehetőség
Natur	Természet
Navigation	Navigáció
Neu	Új
Reisen	Utazások
Route	Útvonal
Schönheit	Szépség
Schwierigkeit	Nehézség
Sicherheit	Biztonság
Tapferkeit	Bátorság
Ungewöhnlich	Szokatlan
Überraschend	Meglepő
Vorbereitung	Előkészítés

Adjektive #1
Melléknevek #1

Absolut	Abszolút
Aktiv	Aktív
Aromatisch	Aromás
Attraktiv	Vonzó
Dunkel	Sötét
Dünn	Vékony
Ehrlich	Őszinte
Glücklich	Boldog
Identisch	Azonos
Künstlerisch	Művészi
Langsam	Lassú
Modern	Modern
Perfekt	Tökéletes
Riesig	Óriási
Schön	Szép
Schwer	Nehéz
Tief	Mély
Unschuldig	Ártatlan
Wertvoll	Értékes
Wichtig	Fontos

Adjektive #2
Melléknevek #2

Authentisch	Hiteles
Berühmt	Híres
Beschreibend	Leíró
Dramatisch	Drámai
Elegant	Elegáns
Essbar	Ehető
Frisch	Friss
Gesund	Egészséges
Hungrig	Éhes
Interessant	Érdekes
Kreativ	Kreatív
Natürlich	Természetes
Neu	Új
Normal	Normál
Produktiv	Termelő
Salzig	Sós
Stark	Erős
Stolz	Büszke
Verantwortlich	Felelős
Wild	Vad

Aktivitäten
Tevékenységek

Aktivität	Tevékenység
Angeln	Halászat
Camping	Kemping
Entspannung	Kikapcsolódás
Fotografie	Fényképezés
Freizeit	Szabadidő
Gartenarbeit	Kertészkedés
Gemälde	Festmény
Jagd	Vadászat
Keramik	Kerámia
Kunst	Művészet
Kunsthandwerk	Kézművesség
Lesen	Olvasás
Magie	Mágia
Nähen	Varrás
Spiele	Játékok
Stricken	Kötés
Tanzen	Tánc
Vergnügen	Öröm
Wandern	Túrázás

Aktivitäten und Freizeit
Tevékenységek és Szabadi

Angeln	Halászat
Baseball	Baseball
Basketball	Kosárlabda
Boxen	Boksz
Camping	Kemping
Einkaufen	Vásárlás
Entspannend	Pihentető
Fussball	Futball
Gartenarbeit	Kertészkedés
Gemälde	Festmény
Golf	Golf
Kunst	Művészet
Reise	Utazás
Rennen	Verseny
Schwimmen	Úszás
Surfen	Szörfözés
Tauchen	Búvárkodás
Tennis	Tenisz
Volleyball	Röplabda
Wandern	Túrázás

Angeln
Halászat

Ausrüstung	Felszerelés
Boot	Hajó
Draht	Drót
Flossen	Uszonyok
Fluss	Folyó
Geduld	Türelem
Gewicht	Súly
Haken	Horog
Jahreszeit	Évszak
Kiefer	Állkapocs
Kiemen	Kopoltyúk
Kochen	Szakács
Korb	Kosár
Köder	Csali
Ozean	Óceán
See	Tó
Strand	Strand
Übertreibung	Túlzás
Waage	Mérleg
Wasser	Víz

Antarktis
Antarktisz

Bucht	Öböl
Eis	Jég
Erhaltung	Megőrzés
Expedition	Expedíció
Felsig	Sziklás
Forscher	Kutató
Geographie	Földrajz
Gletscher	Gleccserek
Halbinsel	Félsziget
Inseln	Szigetek
Kontinent	Kontinens
Migration	Migráció
Pinguine	Pingvinek
Temperatur	Hőmérséklet
Topographie	Topográfia
Umwelt	Környezet
Vögel	Madarak
Wasser	Víz
Wetter	Időjárás
Wissenschaftlich	Tudományos

Astronomie
Csillagászat

Asteroid	Aszteroida
Astronaut	Űrhajós
Astronom	Csillagász
Erde	Föld
Himmel	Ég
Komet	Üstökös
Konstellation	Csillagkép
Kosmos	Kozmosz
Meteor	Meteor
Mond	Hold
Nebel	Ködfolt
Planet	Bolygó
Rakete	Rakéta
Satellit	Műhold
Sonne	Nap
Stern	Csillag
Supernova	Szupernóva
Teleskop	Távcső
Tierkreis	Állatöv
Universum	Univerzum

Ballett
Balett

Anmutig	Kecses
Applaus	Taps
Ausdrucksvoll	Kifejező
Ballerina	Balerina
Choreographie	Koreográfia
Fähigkeit	Készség
Geste	Gesztus
Intensität	Intenzitás
Komponist	Zeneszerző
Künstlerisch	Művészi
Musik	Zene
Muskel	Izmok
Orchester	Zenekar
Probe	Próba
Publikum	Közönség
Rhythmus	Ritmus
Solo	Szóló
Stil	Stílus
Tänzer	Táncosok
Technik	Technika

Barbecues
Grillezés

Abendessen	Vacsora
Familie	Család
Frucht	Gyümölcs
Gabeln	Villa
Gemüse	Zöldségek
Grill	Grill
Heiss	Forró
Huhn	Csirke
Hunger	Éhség
Kinder	Gyermekek
Kochen	Főzés
Messer	Kések
Mittagessen	Ebéd
Musik	Zene
Pfeffer	Bors
Salate	Saláták
Salz	Só
Sommer	Nyár
Sosse	Szósz
Spiele	Játékok

Bauernhof #1
Gazdaság #1

Biene	Méh
Dünger	Trágya
Esel	Szamár
Feld	Mező
Heu	Széna
Honig	Méz
Huhn	Csirke
Hund	Kutya
Kalb	Borjú
Katze	Macska
Krähe	Varjú
Kuh	Tehén
Land	Föld
Landwirtschaft	Mezőgazdaság
Pferd	Ló
Reis	Rizs
Schwein	Malac
Wasser	Víz
Zaun	Kerítés
Ziege	Kecske

Bauernhof #2
2. Gazdaság

Bauer	Gazda
Bewässerung	Öntözés
Bienenstock	Méhkas
Ente	Kacsa
Frucht	Gyümölcs
Gemüse	Növényi
Gerste	Árpa
Lama	Láma
Lamm	Bárány
Mais	Kukorica
Milch	Tej
Obstgarten	Gyümölcsös
Reif	Érett
Schaf	Juh
Schäfer	Pásztor
Scheune	Pajta
Traktor	Traktor
Weizen	Búza
Wiese	Rét
Windmühle	Szélmalom

Berufe #1
Foglalkozások #1

Arzt	Orvos
Astronom	Csillagász
Bankier	Bankár
Botschafter	Nagykövet
Buchhalter	Könyvelő
Geologe	Geológus
Jäger	Vadász
Juwelier	Ékszerész
Kartograph	Térképész
Krankenschwester	Ápoló
Künstler	Művész
Mechaniker	Szerelő
Musiker	Zenész
Pianist	Zongorista
Psychologe	Pszichológus
Rechtsanwalt	Ügyvéd
Schneider	Szabó
Tänzer	Táncos
Tierarzt	Állatorvos
Trainer	Edző

Berufe #2
Foglalkozások #2

Arzt	Orvos
Astronaut	Űrhajós
Bibliothekar	Könyvtáros
Biologe	Biológus
Chirurg	Sebész
Detektiv	Nyomozó
Erfinder	Feltaláló
Forscher	Kutató
Fotograf	Fotós
Gärtner	Kertész
Illustrator	Illusztrátor
Ingenieur	Mérnök
Journalist	Újságíró
Lehrer	Tanár
Linguist	Nyelvész
Maler	Festő
Philosoph	Filozófus
Pilot	Pilóta
Zahnarzt	Fogorvos
Zoologe	Zoológus

Bienen
Méhek

Bestäuber	Beporzó
Bienenkorb	Kaptár
Blumen	Virágok
Blüte	Virág
Flügel	Szárnyak
Frucht	Gyümölcs
Garten	Kert
Honig	Méz
Insekt	Rovar
Königin	Királynő
Lebensraum	Élőhely
Ökosystem	Ökoszisztéma
Pflanzen	Növények
Pollen	Pollen
Rauch	Füst
Schwarm	Raj
Sonne	Nap
Vielfalt	Sokféleség
Vorteilhaft	Előnyös
Wachs	Viasz

Bildende Kunst
Vizuális Művészetek

Architektur	Építészet
Bleistift	Ceruza
Film	Film
Foto	Fénykép
Gemälde	Festmény
Holzkohle	Faszén
Keramik	Kerámia
Kreativität	Kreativitás
Kreide	Kréta
Künstler	Művész
Lack	Lakk
Meisterwerk	Mestermű
Perspektive	Perspektíva
Porträt	Portré
Schablone	Stencil
Skulptur	Szobor
Staffelei	Festőállvány
Stift	Toll
Ton	Agyag
Wachs	Viasz

Blumen
Virágok

Blütenblatt	Szirom
Gardenie	Gardénia
Gänseblümchen	Százszorszép
Hibiskus	Hibiszkusz
Jasmin	Jázmin
Klee	Lóhere
Lavendel	Levendula
Lila	Halványlila
Lilie	Liliom
Löwenzahn	Pitypang
Magnolie	Magnólia
Mohn	Mák
Orchidee	Orchidea
Passionsblume	Golgotavirág
Pfingstrose	Bazsarózsa
Plumeria	Plumeria
Rose	Rózsa
Sonnenblume	Napraforgó
Strauss	Csokor
Tulpe	Tulipán

Boote
Csónakok

Anker	Horgony
Boje	Bója
Crew	Legénység
Dock	Dokk
Fähre	Komp
Floss	Tutaj
Fluss	Folyó
Kajak	Kajak
Kanu	Kenu
Mast	Árboc
Meer	Tenger
Motor	Motor
Nautisch	Tengeri
Ozean	Óceán
Rettungsboot	Mentőcsónak
See	Tó
Segelboot	Vitorlás
Seil	Kötél
Wellen	Hullámok
Yacht	Jacht

Bücher
Könyvek

Abenteuer	Kaland
Autor	Szerző
Dualität	Kettősség
Episch	Epikus
Erfinderisch	Találékony
Erzähler	Narrátor
Gedicht	Vers
Geschichte	Történet
Geschrieben	Írott
Historisch	Történelmi
Humorvoll	Tréfás
Kollektion	Gyűjtemény
Kontext	Kontextus
Leser	Olvasó
Literarisch	Irodalmi
Poesie	Költészet
Roman	Regény
Seite	Oldal
Serie	Sorozat
Tragisch	Tragikus

Camping
Kemping

Abenteuer	Kaland
Berg	Hegy
Feuer	Tűz
Hängematte	Függőágy
Hut	Kalap
Insekt	Rovar
Jagd	Vadászat
Kabine	Kabin
Kanu	Kenu
Karte	Térkép
Kompass	Iránytű
Laterne	Lámpa
Mond	Hold
Natur	Természet
See	Tó
Seil	Kötél
Spass	Móka
Tiere	Állatok
Wald	Erdő
Zelt	Sátor

Dinosaurier
Dinoszauruszok

Allesfresser	Mindenevő
Art	Faj
Beute	Zsákmány
Bösartig	Gonosz
Enorm	Hatalmas
Erde	Föld
Evolution	Evolúció
Fleischfresser	Húsevő
Flügel	Szárnyak
Fossilien	Fosszíliák
Gross	Nagy
Grösse	Méret
Leistungsstark	Erős
Mammut	Mamut
Pflanzenfresser	Növényevő
Prähistorisch	Őskori
Raubvogel	Raptor
Reptil	Hüllő
Schwanz	Farok
Verschwinden	Eltűnés

Emotionen
Érzelmek

Angst	Félelem
Aufgeregt	Izgatott
Beschämt	Zavart
Dankbar	Hálás
Freude	Öröm
Freundlichkeit	Kedvesség
Frieden	Béke
Inhalt	Tartalom
Langeweile	Unalom
Liebe	Szeretet
Ruhe	Nyugalom
Ruhig	Nyugodt
Sympathie	Szimpátia
Traurigkeit	Szomorúság
Überraschen	Meglepetés
Wut	Harag
Zärtlichkeit	Gyengédség
Zufrieden	Elégedett

Erforschung
Felfedezés

Aktivität	Tevékenység
Aufregung	Izgalom
Entdeckung	Felfedezés
Entschlossenheit	Meghatározás
Erschöpfung	Kimerültség
Fern	Távoli
Gefahren	Veszélyek
Gefährlich	Veszélyes
Gelände	Terep
Kulturen	Kultúrák
Lernen	Tanulni
Mut	Bátorság
Neu	Új
Raum	Tér
Reise	Utazás
Sprache	Nyelv
Tiere	Állatok
Unbekannt	Ismeretlen
Wild	Vad

Erhaltung
Természetvédelmi

Bildung	Oktatás
Chemikalien	Vegyszerek
Freiwillige	Önkéntes
Gesundheit	Egészség
Grün	Zöld
Klima	Éghajlat
Lebensraum	Élőhely
Nachhaltig	Fenntartható
Natürlich	Természetes
Organisch	Szerves
Ökosystem	Ökoszisztéma
Pestizid	Peszticid
Recyceln	Újrahasznosít
Reduzieren	Csökkentés
Umwelt	Környezeti
Verschmutzung	Szennyezés
Wasser	Víz
Zyklus	Ciklus

Ernährung
Teljesítmény

Appetit	Étvágy
Bitter	Keserű
Diät	Diéta
Essbar	Ehető
Fermentation	Erjesztés
Geschmack	Íz
Gesund	Egészséges
Gesundheit	Egészség
Getreide	Gabonafélék
Gewicht	Súly
Kalorien	Kalória
Kohlenhydrate	Szénhidrátok
Nährstoff	Tápanyag
Portion	Adag
Proteine	Fehérjék
Qualität	Minőség
Sosse	Szósz
Toxin	Toxin
Verdauung	Emésztés
Vitamin	Vitamin

Essen #1
Élelmiszer #1

Basilikum	Bazsalikom
Birne	Körte
Erdbeere	Eper
Erdnuss	Földimogyoró
Fleisch	Hús
Kaffee	Kávé
Karotte	Sárgarépa
Knoblauch	Fokhagyma
Milch	Tej
Rübe	Fehérrépa
Saft	Gyümölcslé
Salat	Saláta
Salz	Só
Spinat	Spenót
Suppe	Leves
Thunfisch	Tonhal
Zimt	Fahéj
Zitrone	Citrom
Zucker	Cukor
Zwiebel	Hagyma

Essen #2
Élelmiszer # 2

Apfel	Alma
Artischocke	Articsóka
Aubergine	Padlizsán
Banane	Banán
Brokkoli	Brokkoli
Brot	Kenyér
Ei	Tojás
Fisch	Hal
Joghurt	Joghurt
Käse	Sajt
Kirsche	Cseresznye
Mandel	Mandula
Pilz	Gomba
Reis	Rizs
Schinken	Sonka
Schokolade	Csokoládé
Sellerie	Zeller
Spargel	Spárga
Tomate	Paradicsom
Weizen	Búza

Fahren
Vezetés

Auto	Autó
Bremsen	Fékek
Brennstoff	Üzemanyag
Bus	Busz
Garage	Garázs
Gas	Gáz
Gefahr	Veszély
Geschwindigkeit	Sebesség
Karte	Térkép
Lizenz	Engedély
Lkw	Kamion
Motor	Motor
Motorrad	Motorkerékpár
Polizei	Rendőrség
Sicherheit	Biztonság
Transport	Szállítás
Tunnel	Alagút
Unfall	Baleset
Verkehr	Forgalom
Vorsicht	Vigyázat

Fahrzeuge
Járművek

Auto	Autó
Boot	Hajó
Bus	Busz
Fahrrad	Kerékpár
Fähre	Komp
Floss	Tutaj
Flugzeug	Repülőgép
Hubschrauber	Helikopter
Krankenwagen	Mentőautó
Lkw	Kamion
Motor	Motor
Rakete	Rakéta
Reifen	Gumik
Roller	Robogó
Taxi	Taxi
Traktor	Traktor
U-Bahn	Metró
Van	Furgon
Wohnwagen	Lakókocsi
Zug	Vonat

Familie
Család

Bruder	Testvér
Ehefrau	Feleség
Ehemann	Férj
Enkel	Unokája
Grossmutter	Nagymama
Grossvater	Nagyapa
Kind	Gyermek
Kinder	Gyermekek
Kindheit	Gyermekkor
Mutter	Anya
Mütterlich	Anyai
Neffe	Unokaöcs
Nichte	Unokahúg
Onkel	Nagybácsi
Tante	Néni
Tochter	Lánya
Vater	Apa
Väterlich	Apai
Vetter	Unokatestvér
Vorfahr	Ős

Farben
Színek

Beige	Bézs
Blau	Kék
Braun	Barna
Fuchsie	Fukszia
Gelb	Sárga
Grau	Szürke
Grün	Zöld
Indigo	Indigó
Lila	Lila
Magenta	Bíborvörös
Orange	Narancs
Rosa	Rózsaszín
Rot	Piros
Schwarz	Fekete
Sepia	Szépia
Violett	Ibolya
Weiss	Fehér
Zyan	Cián

Flugzeuge
Repülőgépek

Abenteuer	Kaland
Abstieg	Származás
Atmosphäre	Légkör
Ballon	Ballon
Brennstoff	Üzemanyag
Crew	Legénység
Design	Tervezés
Geschichte	Történelem
Himmel	Ég
Höhe	Magasság
Konstruktion	Építés
Luft	Levegő
Motor	Motor
Navigieren	Hajózik
Passagier	Utas
Pilot	Pilóta
Propeller	Propellerek
Turbulenz	Turbulencia
Wasserstoff	Hidrogén
Wetter	Időjárás

Formen
Alakzatok

Bogen	Ív
Dreieck	Háromszög
Ecke	Sarok
Ellipse	Ellipszis
Hyperbel	Hiperbola
Kanten	Élek
Kegel	Kúp
Kreis	Kör
Kugel	Gömb
Linie	Vonal
Oval	Ovális
Polygon	Poligon
Prisma	Prizma
Pyramide	Piramis
Quadrat	Négyzet
Rechteck	Téglalap
Rund	Kerek
Seite	Oldal
Würfel	Kocka
Zylinder	Henger

Garten
Kert

Bank	Pad
Baum	Fa
Blume	Virág
Boden	Talaj
Busch	Bokor
Garage	Garázs
Garten	Kert
Gras	Fű
Hängematte	Függőágy
Obstgarten	Gyümölcsös
Rasen	Gyep
Rechen	Gereblye
Schaufel	Lapát
Schlauch	Tömlő
Teich	Tavacska
Terrasse	Terasz
Trampolin	Trambulin
Unkraut	Gyomok
Veranda	Tornác
Zaun	Kerítés

Gebäude
Épületek

Bauernhof	Gazdaság
Botschaft	Nagykövetség
Fabrik	Gyár
Garage	Garázs
Haus	Ház
Herberge	Szálló
Hotel	Szálloda
Kabine	Kabin
Kino	Mozi
Krankenhaus	Kórház
Labor	Laboratórium
Museum	Múzeum
Scheune	Pajta
Schule	Iskola
Stadion	Stadion
Supermarkt	Szupermarket
Theater	Színház
Turm	Torony
Universität	Egyetem
Zelt	Sátor

Geburtstag
Születésnap

Einladungen	Meghívók
Feier	Ünneplés
Freudig	Vidám
Freunde	Barátok
Geboren	Született
Geschenk	Ajándék
Glücklich	Boldog
Jahr	Év
Jung	Fiatal
Kalender	Naptár
Karten	Kártyák
Kerzen	Gyertyák
Kuchen	Torta
Lernen	Tanulni
Lied	Dal
Spass	Móka
Spezial	Különleges
Tag	Nap
Weisheit	Bölcsesség
Zeit	Idő

Gemüse
Zöldségfélék

Artischocke	Articsóka
Aubergine	Padlizsán
Blumenkohl	Karfiol
Brokkoli	Brokkoli
Erbse	Borsó
Gurke	Uborka
Ingwer	Gyömbér
Karotte	Sárgarépa
Kartoffel	Burgonya
Knoblauch	Fokhagyma
Kürbis	Tök
Olive	Olajbogyó
Petersilie	Petrezselyem
Pilz	Gomba
Rübe	Fehérrépa
Salat	Saláta
Sellerie	Zeller
Spinat	Spenót
Tomate	Paradicsom
Zwiebel	Hagyma

Geographie
Földrajz

Atlas	Atlasz
Äquator	Egyenlítő
Berg	Hegy
Breite	Szélesség
Fluss	Folyó
Gebiet	Terület
Hemisphäre	Félteke
Höhe	Magasság
Insel	Sziget
Karte	Térkép
Kontinent	Kontinens
Land	Ország
Meer	Tenger
Meridian	Meridián
Norden	Észak
Ozean	Óceán
Region	Vidék
Stadt	Város
Welt	Világ
West	Nyugat

Geologie
Geológia

Erdbeben	Földrengés
Erosion	Erózió
Fossil	Fosszilis
Geschmolzen	Olvadt
Geysir	Gejzír
Höhle	Barlang
Kalzium	Kalcium
Kontinent	Kontinens
Koralle	Korall
Lava	Láva
Plateau	Fennsík
Quarz	Kvarc
Salz	Só
Säure	Sav
Stalagmiten	Sztalagmitok
Stalaktit	Cseppkő
Stein	Kő
Vulkan	Vulkán
Zone	Zóna
Zyklen	Ciklusok

Gewürze
Fűszerek

Anis	Ánizs
Bitter	Keserű
Curry	Curry
Fenchel	Édeskömény
Geschmack	Íz
Ingwer	Gyömbér
Kardamom	Kardamom
Knoblauch	Fokhagyma
Lakritze	Édesgyökér
Muskatnuss	Szerecsendió
Nelke	Szegfűszeg
Paprika	Paprika
Pfeffer	Bors
Safran	Sáfrány
Salz	Só
Sauer	Savanyú
Süss	Édes
Vanille	Vanília
Zimt	Fahéj
Zwiebel	Hagyma

Haartypen
Haj Típusok

Blond	Szőke
Braun	Barna
Dick	Vastag
Dünn	Vékony
Farbig	Színes
Geflochten	Fonott
Gesund	Egészséges
Grau	Szürke
Kahl	Kopasz
Kurz	Rövid
Lang	Hosszú
Locken	Fürtök
Lockig	Göndör
Schwarz	Fekete
Silber	Ezüst
Trocken	Száraz
Weich	Puha
Weiss	Fehér
Wellig	Hullámos
Zöpfe	Zsinór

Haus
Ház

Besen	Seprű
Bibliothek	Könyvtár
Dach	Tető
Dachboden	Padlás
Decke	Mennyezet
Dusche	Zuhany
Fenster	Ablak
Garage	Garázs
Garten	Kert
Kamin	Kandalló
Küche	Konyha
Lampe	Lámpa
Möbel	Bútor
Schlafzimmer	Hálószoba
Schornstein	Kémény
Spiegel	Tükör
Tür	Ajtó
Wand	Fal
Zaun	Kerítés
Zimmer	Szoba

Haustiere
Háziállatok

Eidechse	Gyík
Essen	Élelmiszer
Fisch	Hal
Hamster	Hörcsög
Hase	Nyúl
Hund	Kutya
Katze	Macska
Kätzchen	Cica
Kragen	Gallér
Kuh	Tehén
Leine	Póráz
Maus	Egér
Papagei	Papagáj
Pfoten	Mancsok
Schildkröte	Teknős
Schwanz	Farok
Tierarzt	Állatorvos
Wasser	Víz
Welpe	Kiskutya
Ziege	Kecske

Insekten
Rovarok

Ameise	Hangya
Biene	Méh
Blattlaus	Levéltetű
Floh	Bolha
Gottesanbeterin	Sáska
Heuschrecke	Szöcske
Kakerlake	Csótány
Käfer	Bogár
Larve	Lárva
Libelle	Szitakötő
Marienkäfer	Katicabogár
Motte	Moly
Mücke	Szúnyog
Schmetterling	Pillangó
Termite	Termesz
Wespe	Darázs
Wurm	Féreg
Zikade	Kabóca

Katzen
Macskák

Fell	Szőrme
Garn	Fonal
Jäger	Vadász
Komisch	Vicces
Kralle	Karom
Maus	Egér
Neugierig	Kíváncsi
Persönlichkeit	Személyiség
Pfote	Mancs
Schlafen	Alvás
Schnell	Gyors
Schüchtern	Félénk
Schwanz	Farok
Unabhängig	Független
Verrückt	Őrült
Verspielt	Játékos
Wenig	Kis
Wild	Vad

Kleidung
Ruházat

Armband	Karkötő
Bluse	Blúz
Gürtel	Öv
Halskette	Nyaklánc
Handschuhe	Kesztyű
Hemd	Ing
Hose	Nadrág
Hut	Kalap
Jacke	Dzseki
Jeans	Farmer
Kleid	Ruha
Mantel	Kabát
Mode	Divat
Pullover	Pulóver
Rock	Szoknya
Schal	Sál
Schlafanzug	Pizsama
Schmuck	Ékszerek
Schuh	Cipő
Schürze	Kötény

Klettern
Hegymászás

Atmosphäre	Légkör
Ausbildung	Képzés
Experte	Szakértő
Führer	Útmutatók
Gelände	Terep
Handschuhe	Kesztyű
Helm	Sisak
Höhe	Magasság
Höhle	Barlang
Karte	Térkép
Neugier	Kíváncsiság
Physisch	Fizikai
Schmal	Keskeny
Stabilität	Stabilitás
Stärke	Erő
Stiefel	Csizma
Verletzung	Sérülés
Wandern	Túrázás

Komödie
Vígjáték

Applaus	Taps
Ausdrucksvoll	Kifejező
Clowns	Bohócok
Fernsehen	Televízió
Genre	Műfaj
Humor	Humor
Improvisation	Improvizáció
Klug	Okos
Komisch	Vicces
Lachen	Nevetés
Parodie	Paródia
Publikum	Közönség
Schauspieler	Színész
Schauspielerin	Színésznő
Spass	Móka
Theater	Színház
Witze	Viccek

Kräuterkunde
Herbalism

Aromatisch	Aromás
Basilikum	Bazsalikom
Blume	Virág
Dill	Kapor
Estragon	Tárkony
Fenchel	Édeskömény
Garten	Kert
Geschmack	Íz
Grün	Zöld
Knoblauch	Fokhagyma
Kulinarisch	Konyhai
Lavendel	Levendula
Majoran	Majoránna
Petersilie	Petrezselyem
Qualität	Minőség
Rosmarin	Rozmaring
Safran	Sáfrány
Thymian	Kakukkfű
Vorteilhaft	Előnyös
Zutat	Összetevő

Kunst
Művészet

Ausdruck	Kifejezés
Ehrlich	Őszinte
Einfach	Egyszerű
Gegenstand	Tárgy
Gemälde	Festmények
Inspiriert	Ihletett
Keramik	Kerámia
Komplex	Összetett
Original	Eredeti
Persönlich	Személyes
Poesie	Költészet
Skulptur	Szobor
Stimmung	Hangulat
Surrealismus	Szürrealizmus
Symbol	Szimbólum
Visuell	Vizuális
Zusammensetzung	Összetétel

Kunst Liefert
Művészeti Kellékek

Acryl	Akril
Bleistifte	Ceruzák
Bürsten	Ecsetek
Farben	Színek
Holzkohle	Faszén
Ideen	Ötletek
Kamera	Kamera
Kreativität	Kreativitás
Leim	Ragasztó
Öl	Olaj
Papier	Papír
Radiergummi	Radír
Staffelei	Festőállvány
Stuhl	Szék
Tabelle	Asztal
Tinte	Tinta
Ton	Agyag
Wasser	Víz

Küche
Konyha

Essen	Élelmiszer
Gabeln	Villa
Gefrierschrank	Mélyhűtő
Gewürze	Fűszerek
Grill	Grill
Kelle	Merőkanál
Krug	Kancsó
Kühlschrank	Hűtőszekrény
Löffel	Kanalak
Messer	Késec
Ofen	Sütő
Rezept	Recept
Schürze	Kötény
Schüssel	Tál
Schwamm	Szivacs
Serviette	Szalvéta
Tassen	Csészék
Wasserkocher	Vízforraló

Landschaften
Tájképek

Berg	Hegy
Eisberg	Jéghegy
Fluss	Folyó
Geysir	Gejzír
Gletscher	Gleccser
Golf	Öböl
Halbinsel	Félsziget
Höhle	Barlang
Hügel	Domb
Insel	Sziget
Meer	Tenger
Oase	Oázis
See	Tó
Strand	Strand
Sumpf	Mocsár
Tal	Völgy
Tundra	Tundra
Vulkan	Vulkán
Wasserfall	Vízesés
Wüste	Sivatag

Länder #2
Országok #2

Albanien	Albánia
Äthiopien	Etiópia
Frankreich	Franciaország
Griechenland	Görögország
Haiti	Haiti
Irland	Írország
Jamaika	Jamaica
Japan	Japán
Kenia	Kenya
Laos	Laosz
Liberia	Libéria
Mexiko	Mexikó
Nepal	Nepál
Nigeria	Nigéria
Pakistan	Pakisztán
Russland	Oroszország
Sudan	Szudán
Syrien	Szíria
Uganda	Uganda
Ukraine	Ukrajna

Literatur
Irodalom

Analogie	Analógia
Analyse	Elemzés
Anekdote	Anekdota
Autor	Szerző
Beschreibung	Leírás
Biographie	Életrajz
Dialog	Párbeszéd
Erzähler	Narrátor
Fiktion	Fikció
Gedicht	Vers
Genre	Műfaj
Metapher	Metafora
Poetisch	Költői
Reim	Rím
Rhythmus	Ritmus
Roman	Regény
Schlussfolgerung	Következtetés
Stil	Stílus
Thema	Téma
Tragödie	Tragédia

Mathematik
Matematika

Arithmetik	Számtan
Bruchteil	Töredék
Dezimal	Tizedes
Dreieck	Háromszög
Durchmesser	Átmérő
Exponent	Kitevő
Geometrie	Geometria
Gleichung	Egyenlet
Kugel	Gömb
Parallel	Párhuzamos
Polygon	Poligon
Quadrat	Négyzet
Radius	Sugár
Rechteck	Téglalap
Senkrecht	Merőleges
Summe	Összeg
Symmetrie	Szimmetria
Umfang	Kerület
Winkel	Szögek
Zahlen	Számok

Meditation
Elmélkedés

Annahme	Elfogadás
Aufmerksamkeit	Figyelem
Bewegung	Mozgás
Dankbarkeit	Hála
Freundlichkeit	Kedvesség
Frieden	Béke
Gedanken	Gondolatok
Geistig	Mentális
Glück	Boldogság
Klarheit	Világosság
Lehre	Tanítások
Lernen	Tanulni
Mitgefühl	Együttérzés
Musik	Zene
Natur	Természet
Perspektive	Perspektíva
Ruhig	Nyugodt
Stille	Csend
Verstand	Elme
Wach	Ébren

Meisterschaft
Bajnokság

Atmen	Lélegezni
Ausdauer	Kitartás
Champion	Bajnok
Finalist	Döntős
Liga	Liga
Mannschaft	Csapat
Medaille	Érem
Meisterschaft	Bajnokság
Motivation	Motiváció
Performance	Teljesítmény
Richter	Bíró
Schweiss	Izzadás
Sieg	Győzelem
Spiele	Játékok
Sport	Sport
Strategie	Stratégia
Trainer	Edző
Turnier	Torna

Menschlicher Körper
Emberi Test

Bein	Láb
Blut	Vér
Ellbogen	Könyök
Finger	Ujj
Gehirn	Agy
Gesicht	Arc
Hals	Nyak
Hand	Kéz
Haut	Bőr
Herz	Szív
Kiefer	Állkapocs
Kinn	Áll
Knie	Térd
Knöchel	Boka
Kopf	Fej
Mund	Száj
Nase	Orr
Ohr	Fül
Schulter	Váll
Zunge	Nyelv

Messungen
Mérések

Breite	Szélesség
Byte	Bájt
Dezimal	Tizedes
Gewicht	Súly
Grad	Fokozat
Gramm	Gramm
Höhe	Magasság
Kilogramm	Kilogramm
Kilometer	Kilométer
Länge	Hossz
Liter	Liter
Masse	Tömeg
Meter	Mérő
Minute	Perc
Quart	Kvart
Tiefe	Mélység
Tonne	Tonna
Unze	Uncia
Zentimeter	Centiméter
Zoll	Hüvelyk

Möbel
Bútor

Bank	Pad
Bett	Ágy
Bettdecke	Paplanok
Bücherregal	Könyvespolc
Couch	Kanapé
Futon	Futon
Hängematte	Függőágy
Kissen	Párna
Kommode	Komód
Lampe	Lámpa
Matratze	Matrac
Regal	Polcok
Schrank	Armoire
Schreibtisch	Íróasztal
Sessel	Fotel
Spiegel	Tükör
Stuhl	Szék
Teppich	Szőnyeg
Vorhang	Függönyök

Musikinstrumente
Hangszerek

Banjo	Bendzsó
Cello	Cselló
Fagott	Fagott
Flöte	Fuvola
Geige	Hegedű
Gitarre	Gitár
Glockenspiel	Harangjáték
Gong	Gong
Harfe	Hárfa
Klarinette	Klarinét
Klavier	Zongora
Mandoline	Mandolin
Marimba	Marimba
Mundharmonika	Harmonika
Oboe	Oboa
Posaune	Harsona
Saxophon	Szaxofon
Tamburin	Csörgődob
Trommel	Dob
Trompete	Trombita

Mythologie
Mitológia

Archetyp	Archetípus
Blitz	Villám
Donner	Mennydörgés
Eifersucht	Féltékenység
Held	Hős
Himmel	Menny
Katastrophe	Katasztrófa
Kreation	Teremtés
Kreatur	Teremtmény
Krieger	Harcos
Kultur	Kultúra
Labyrinth	Labirintus
Legende	Legenda
Magisch	Mágikus
Monster	Szörny
Rache	Bosszú
Stärke	Erő
Sterblich	Halandó
Triumphierend	Diadalmas
Verhalten	Viselkedés

Natur
Természet

Arktis	Sarkvidéki
Berge	Hegyek
Bienen	Méhek
Dynamisch	Dinamikus
Erosion	Erózió
Fluss	Folyó
Friedlich	Békés
Gletscher	Gleccser
Heiligtum	Szentély
Heiter	Derűs
Laub	Lombozat
Lebenswichtig	Létfontosságú
Nebel	Köd
Schönheit	Szépség
Schutz	Menedék
Tiere	Állatok
Tropisch	Trópusi
Wald	Erdő
Wild	Vad
Wüste	Sivatag

Obst
Gyümölcs

Ananas	Ananász
Apfel	Alma
Aprikose	Sárgabarack
Avocado	Avokádó
Banane	Banán
Beere	Bogyó
Birne	Körte
Brombeere	Szeder
Himbeere	Málna
Kirsche	Cseresznye
Kiwi	Kivi
Kokosnuss	Kókuszdió
Melone	Dinnye
Nektarine	Nektarin
Orange	Narancs
Papaya	Papaja
Pfirsich	Őszibarack
Pflaume	Szilva
Traube	Szőlő
Zitrone	Citrom

Ozean
Óceán

Aal	Angolna
Auster	Osztriga
Boot	Hajó
Delfin	Delfin
Fisch	Hal
Garnele	Garnélarák
Gezeiten	Árapály
Hai	Cápa
Koralle	Korall
Krabbe	Rák
Krake	Polip
Qualle	Medúza
Riff	Zátony
Salz	Só
Schildkröte	Teknős
Schwamm	Szivacs
Sturm	Vihar
Thunfisch	Tonhal
Wal	Bálna
Wellen	Hullámok

Ökologie
Ökológia

Art	Faj
Berge	Hegyek
Dürre	Aszály
Fauna	Fauna
Flora	Növényvilág
Freiwillige	Önkéntesek
Gemeinschaft	Közösségek
Global	Globális
Klima	Éghajlat
Lebensraum	Élőhely
Marine	Tengeri
Nachhaltig	Fenntartható
Natur	Természet
Natürlich	Természetes
Pflanzen	Növények
Ressourcen	Források
Sumpf	Mocsár
Überleben	Túlélés
Vegetation	Növényzet
Vielfalt	Sokféleség

Pflanzen
Növények

Bambus	Bambusz
Baum	Fa
Beere	Bogyó
Blume	Virág
Blütenblatt	Szirom
Bohne	Bab
Botanik	Botanika
Busch	Bokor
Dünger	Trágya
Efeu	Borostyán
Flora	Növényvilág
Garten	Kert
Gras	Fű
Kaktus	Kaktusz
Kraut	Gyógynövény
Laub	Lombozat
Moos	Moha
Vegetation	Növényzet
Wald	Erdő
Wurzel	Gyökér

Piraten
Kalózok

Abenteuer	Kaland
Anker	Horgony
Crew	Legénység
Flagge	Zászló
Gefahr	Veszély
Gold	Arany
Höhle	Barlang
Insel	Sziget
Kapitän	Kapitány
Karte	Térkép
Kompass	Iránytű
Legende	Legenda
Münzen	Érmék
Narbe	Heg
Papagei	Papagáj
Rum	Rum
Schatz	Kincs
Schlecht	Rossz
Schwert	Kard
Strand	Strand

Regenwald
Esőerdők

Amphibien	Kétéltűek
Art	Faj
Botanisch	Botanika
Dschungel	Dzsungel
Gemeinschaft	Közösség
Insekten	Rovarok
Klima	Éghajlat
Moos	Moha
Natur	Természet
Respekt	Tisztelet
Säugetiere	Emlősök
Überleben	Túlélés
Vielfalt	Sokféleség
Vögel	Madarak
Wertvoll	Értékes
Wolken	Felhők
Zuflucht	Menedék

Restaurant #1
Étterem #1

Allergie	Allergia
Brot	Kenyér
Dessert	Desszert
Essen	Élelmiszer
Fleisch	Hús
Huhn	Csirke
Kaffee	Kávé
Kassierer	Pénztáros
Kellnerin	Pincérnő
Küche	Konyha
Menü	Menü
Messer	Kés
Reservierung	Foglalás
Schüssel	Tál
Serviette	Szalvéta
Sosse	Szósz
Teller	Tányér
Würzig	Fűszeres

Restaurant #2
Étterem #2

Abendessen	Vacsora
Eis	Jég
Fisch	Hal
Frucht	Gyümölcs
Gabel	Villa
Gemüse	Zöldségek
Getränk	Ital
Gewürze	Fűszerek
Kellner	Pincér
Köstlich	Finom
Kuchen	Torta
Löffel	Kanál
Mittagessen	Ebéd
Nudeln	Tészta
Salat	Saláta
Salz	Só
Stuhl	Szék
Suppe	Leves
Vorspeise	Előétel
Wasser	Víz

Säugetiere
Emlősök

Affe	Majom
Bär	Medve
Biber	Hód
Elefant	Elefánt
Fuchs	Róka
Giraffe	Zsiráf
Gorilla	Gorilla
Hund	Kutya
Känguru	Kenguru
Kojote	Prérifarkas
Löwe	Oroszlán
Panther	Párduc
Pferd	Ló
Ratte	Patkány
Schaf	Juh
Stier	Bika
Tiger	Tigris
Wal	Bálna
Wolf	Farkas
Zebra	Zebra

Schach
Sakk

Champion	Bajnok
Diagonal	Átlós
Gegner	Ellenfél
Klug	Okos
König	Király
Königin	Királynő
Lernen	Tanulni
Opfer	Áldozat
Passiv	Passzív
Punkte	Pontok
Regeln	Szabályok
Schwarz	Fekete
Spiel	Játék
Spieler	Játékos
Strategie	Stratégia
Turnier	Torna
Weiss	Fehér
Wettbewerb	Verseny
Zeit	Idő

Schlösser
Kastélyok

Drache	Sárkány
Dynastie	Dinasztia
Edel	Nemes
Einhorn	Egyszarvú
Festung	Erőd
Feudal	Feudális
Katapult	Katapult
Königreich	Királyság
Krone	Korona
Palast	Palota
Pferd	Ló
Prinz	Herceg
Prinzessin	Hercegnő
Reich	Birodalom
Ritter	Lovag
Rüstung	Páncél
Schild	Pajzs
Schwert	Kard
Turm	Torony
Wand	Fal

Schokolade
Csokoládé

Antioxidans	Antioxidáns
Aroma	Aroma
Bitter	Keserű
Essen	Enni
Exotisch	Egzotikus
Favorit	Kedvenc
Geschmack	Íz
Kakao	Kakaó
Kalorien	Kalória
Karamell	Karamell
Kokosnuss	Kókuszdió
Köstlich	Finom
Pulver	Por
Qualität	Minőség
Rezept	Recept
Süss	Édes
Verlangen	Sóvárgás
Zucker	Cukor
Zutat	Összetevő

Schule #1
Iskola #1

Alphabet	Ábécé
Antworten	Válaszok
Bibliothek	Könyvtár
Bleistift	Ceruza
Bücher	Könyvek
Freunde	Barátok
Klassenzimmer	Tanterem
Lehrer	Tanár
Lernen	Tanulni
Lesen	Olvasni
Mathematik	Matematika
Mittagessen	Ebéd
Ordner	Mappák
Papier	Papír
Prüfungen	Vizsgák
Quiz	Kvíz
Schreibtisch	Íróasztal
Spass	Móka
Stifte	Toll
Stuhl	Szék

Schule #2
Iskola #2

Bibliothek	Könyvtár
Bildung	Oktatás
Bleistift	Ceruza
Bus	Busz
Bücher	Könyvek
Computer	Számítógép
Grammatik	Nyelvtan
Kalender	Naptár
Lehrer	Tanár
Lernen	Tanulás
Lesen	Olvasás
Literatur	Irodalom
Papier	Papír
Radiergummi	Radír
Rucksack	Hátizsák
Schere	Olló
Stifte	Toll
Wissenschaft	Tudomány
Wochenende	Hétvégén
Wörterbuch	Szótár

Science Fiction
Sci-Fi

Bücher	Könyvek
Dystopie	Dystopia
Explosion	Robbanás
Extrem	Szélsőséges
Fantastisch	Fantasztikus
Feuer	Tűz
Futuristisch	Futurisztikus
Galaxie	Galaxis
Geheimnisvoll	Rejtélyes
Illusion	Illúzió
Imaginär	Képzeletbeli
Kino	Mozi
Orakel	Jóslat
Planet	Bolygó
Realistisch	Reális
Roboter	Robotok
Szenario	Forgatókönyv
Technologie	Technológia
Utopie	Utópia
Welt	Világ

Sommer
Nyár

Bücher	Könyvek
Camping	Kemping
Entspannung	Kikapcsolódás
Erinnerungen	Emlékek
Essen	Élelmiszer
Familie	Család
Freizeit	Szabadidő
Freude	Öröm
Freunde	Barátok
Garten	Kert
Meer	Tenger
Musik	Zene
Reise	Utazás
Sandalen	Szandál
Schwimmen	Úszni
Spiele	Játékok
Sterne	Csillagok
Strand	Strand
Tauchen	Búvárkodás
Urlaub	Nyaralás

Spielzeuge
Játékok

Auto	Autó
Ball	Labda
Boot	Hajó
Buntstifte	Ceruzák
Bücher	Könyvek
Drachen	Sárkány
Fahrrad	Kerékpár
Favorit	Kedvenc
Flugzeug	Repülőgép
Kunsthandwerk	Kézművesség
Lkw	Kamion
Phantasie	Képzelet
Puppe	Baba
Puzzle	Puzzle
Roboter	Robot
Schach	Sakk
Schlagzeug	Dobok
Spiele	Játékok
Ton	Agyag
Zug	Vonat

Sport
Sport

Athlet	Atléta
Baseball	Baseball
Basketball	Kosárlabda
Bewegung	Mozgás
Eishockey	Hoki
Fahrrad	Kerékpár
Gewinner	Győztes
Golf	Golf
Gymnastik	Torna
Mannschaft	Csapat
Meisterschaft	Bajnokság
Schiedsrichter	Játékvezető
Schwimmen	Úszni
Spiel	Játék
Spieler	Játékos
Stadion	Stadion
Tennis	Tenisz
Trainer	Edző

Stadt
Város

Apotheke	Gyógyszertár
Bank	Bank
Bäckerei	Pékség
Bibliothek	Könyvtár
Blumenhändler	Virágárus
Buchhandlung	Könyvesbolt
Flughafen	Repülőtér
Galerie	Galéria
Hotel	Szálloda
Kino	Mozi
Klinik	Klinika
Markt	Piac
Museum	Múzeum
Restaurant	Étterem
Schule	Iskola
Stadion	Stadion
Supermarkt	Szupermarket
Theater	Színház
Universität	Egyetem
Zoo	Állatkert

Strand
Strand

Blau	Kék
Boot	Hajó
Dock	Dokk
Handtuch	Törülköző
Insel	Sziget
Krabbe	Rák
Küste	Part
Lagune	Lagúna
Meer	Tenger
Ozean	Óceán
Regenschirm	Esernyő
Riff	Zátony
Sand	Homok
Sandalen	Szandál
Schwimmen	Úszni
Segelboot	Vitorlás
Sonne	Nap
Urlaub	Nyaralás

Surfen
Szörfözés

Anfänger	Kezdő
Athlet	Atléta
Beliebt	Népszerű
Champion	Bajnok
Extrem	Szélsőséges
Geschwindigkeit	Sebesség
Magen	Gyomor
Mengen	Tömeg
Ozean	Óceán
Riff	Zátony
Schaum	Hab
Schwimmen	Úszni
Spass	Móka
Spray	Spray
Stärke	Erő
Stil	Stílus
Strand	Strand
Welle	Hullám
Wetter	Időjárás

Tage und Monate
Napok és Hónapok

August	Augusztus
Dezember	December
Dienstag	Kedd
Donnerstag	Csütörtök
Februar	Február
Freitag	Péntek
Jahr	Év
Januar	Január
Juli	Július
Juni	Június
Kalender	Naptár
Mittwoch	Szerda
Monat	Hónap
Montag	Hétfő
November	November
Oktober	Október
Samstag	Szombat
September	Szeptember
Sonntag	Vasárnap
Woche	Hét

Tanzen
Tánc

Akademie	Akadémia
Anmut	Kegyelem
Ausdrucksvoll	Kifejező
Bewegung	Mozgás
Choreographie	Koreográfia
Emotion	Érzelem
Freudig	Vidám
Haltung	Testtartás
Klassisch	Klasszikus
Körper	Test
Kultur	Kultúra
Kulturell	Kulturális
Kunst	Művészet
Musik	Zene
Partner	Partner
Probe	Próba
Rhythmus	Ritmus
Traditionell	Hagyományos
Visuell	Vizuális

Technologie
Technológia

Anzeige	Kijelző
Bildschirm	Képernyő
Blog	Blog
Browser	Böngésző
Bytes	Bájt
Computer	Számítógép
Cursor	Kurzor
Datei	Fájl
Daten	Adat
Digital	Digitális
Forschung	Kutatás
Internet	Internet
Kamera	Kamera
Nachricht	Üzenet
Schriftart	Betűtípus
Sicherheit	Biztonság
Software	Szoftver
Statistik	Statisztika
Virtuell	Virtuális
Virus	Vírus

Tugenden #1
Erények #1

Bescheiden	Szerény
Charmant	Bájos
Effizient	Hatékony
Entscheidend	Döntő
Geduldig	Beteg
Grosszügig	Nagylelkű
Gut	Jó
Hilfreich	Hasznos
Intelligent	Intelligens
Komisch	Vicces
Künstlerisch	Művészi
Leidenschaftlich	Szenvedélyes
Neugierig	Kíváncsi
Praktisch	Gyakorlati
Sauber	Tiszta
Unabhängig	Független
Weise	Bölcs
Zuverlässig	Megbízható
Zuversichtlich	Magabiztos

Urlaub #2
Nyaralás #2

Ausländer	Külföldi
Berge	Hegyek
Camping	Kemping
Flughafen	Repülőtér
Fotos	Fotók
Freizeit	Szabadidő
Hotel	Szálloda
Insel	Sziget
Karte	Térkép
Meer	Tenger
Pass	Útlevél
Reise	Utazás
Restaurant	Étterem
Strand	Strand
Taxi	Taxi
Transport	Szállítás
Urlaub	Nyaralás
Visum	Vízum
Zelt	Sátor
Zug	Vonat

Vögel
Madarak

Adler	Sas
Ei	Tojás
Ente	Kacsa
Eule	Bagoly
Flamingo	Flamingó
Gans	Liba
Huhn	Csirke
Krähe	Varjú
Kuckuck	Kakukk
Möwe	Sirály
Papagei	Papagáj
Pelikan	Pelikán
Pfau	Páva
Pinguin	Pingvin
Rabe	Holló
Reiher	Gém
Schwan	Hattyú
Spatz	Veréb
Storch	Gólya
Taube	Galamb

Wandern
Túrázás

Berg	Hegy
Camping	Kemping
Führer	Útmutatók
Gefahren	Veszélyek
Karte	Térkép
Klima	Éghajlat
Klippe	Szikla
Müde	Fáradt
Natur	Természet
Orientierung	Orientáció
Parks	Parkok
Schwer	Nehéz
Sonne	Nap
Steine	Kövek
Stiefel	Csizma
Tiere	Állatok
Vorbereitung	Előkészítés
Wasser	Víz
Wetter	Időjárás
Wild	Vad

Wasser
Víz

Bewässerung	Öntözés
Dampf	Gőz
Dusche	Zuhany
Eis	Jég
Feucht	Nedves
Feuchtigkeit	Nedvesség
Fluss	Folyó
Flut	Árvíz
Frost	Fagy
Geysir	Gejzír
Hurrikan	Hurrikán
Kanal	Csatorna
Monsun	Monszun
Ozean	Óceán
Regen	Eső
Schnee	Hó
See	Tó
Trinkbar	Iható
Verdunstung	Párolgás
Wellen	Hullámok

Wetter
Időjárás

Atmosphäre	Légkör
Blitz	Villám
Brise	Szellő
Donner	Mennydörgés
Dürre	Aszály
Eis	Jég
Himmel	Ég
Hurrikan	Hurrikán
Klima	Éghajlat
Monsun	Monszun
Nebel	Köd
Polar	Poláris
Regenbogen	Szivárvány
Sturm	Vihar
Temperatur	Hőmérséklet
Tornado	Tornádó
Trocken	Száraz
Tropisch	Trópusi
Wind	Szél
Wolke	Felhő

Wissenschaft
Tudomány

Atom	Atom
Chemisch	Kémiai
Daten	Adat
Evolution	Evolúció
Experiment	Kísérlet
Fossil	Fosszilis
Hypothese	Hipotézis
Klima	Éghajlat
Labor	Laboratórium
Methode	Módszer
Moleküle	Molekulák
Natur	Természet
Organismus	Szervezet
Partikel	Részecskék
Pflanzen	Növények
Physik	Fizika
Schwerkraft	Gravitáció
Tatsache	Tény
Wissenschaftler	Tudós

Wissenschaftliche Disziplinen
Tudományos Tudományágak

Anatomie	Anatómia
Archäologie	Régészet
Astronomie	Csillagászat
Biochemie	Biokémia
Biologie	Biológia
Botanik	Botanika
Chemie	Kémia
Geologie	Geológia
Immunologie	Immunológia
Kinesiologie	Kineziológia
Linguistik	Nyelvészet
Mechanik	Mechanika
Mineralogie	Ásványtan
Neurologie	Neurológia
Ökologie	Ökológia
Physiologie	Fiziológia
Psychologie	Pszichológia
Soziologie	Szociológia
Thermodynamik	Termodinamika
Zoologie	Állattan

Zahlen
Számok

Acht	Nyolc
Achtzehn	Tizennyolc
Dezimal	Tizedes
Drei	Három
Dreizehn	Tizenhárom
Fünf	Öt
Fünfzehn	Tizenöt
Neun	Kilenc
Neunzehn	Tizenkilenc
Null	Nulla
Sechs	Hat
Sechzehn	Tizenhat
Sieben	Hét
Siebzehn	Tizenhét
Vier	Négy
Vierzehn	Tizennégy
Zehn	Tíz
Zwanzig	Húsz
Zwei	Kettő
Zwölf	Tizenkettő

Zeit
Idő

Früh	Korai
Gestern	Tegnap
Heute	Ma
Jahr	Év
Jahrhundert	Század
Jahrzehnt	Évtized
Jährlich	Éves
Jetzt	Most
Kalender	Naptár
Minute	Perc
Mittag	Dél
Monat	Hónap
Morgen	Reggel
Nach	Után
Nacht	Éjszaka
Tag	Nap
Uhr	Óra
Vor	Előtt
Woche	Hét
Zukunft	Jövő

Zirkus
Cirkusz

Affe	Majom
Akrobat	Akrobata
Clown	Bohóc
Elefant	Elefánt
Fahrkarte	Jegy
Jongleur	Zsonglőr
Kostüm	Jelmez
Löwe	Oroszlán
Magie	Mágia
Musik	Zene
Parade	Parádé
Spektakulär	Látványos
Tiere	Állatok
Tiger	Tigris
Trick	Trükk
Unterhalten	Szórakoztat
Zauberer	Bűvész
Zeigen	Előadás
Zelt	Sátor
Zuschauer	Néző

Zu Füllen
Töltse Ki

Box	Doboz
Eimer	Vödör
Fass	Hordó
Flasche	Üveg
Karton	Karton
Kiste	Láda
Koffer	Bőrönd
Korb	Kosár
Krug	Korsó
Mappe	Mappa
Paket	Csomag
Rohr	Cső
Schiff	Hajó
Schublade	Fiók
Tablett	Tálca
Tasche	Zseb
Umschlag	Boríték
Vase	Váza
Wanne	Kád

Gratuliere

Sie haben es geschafft !!

Wir hoffen, dass euch dieses Buch genauso viel Spaß gemacht hat wie uns dessen Herstellung. Wir tun unser Bestes, um qualitativ hochwertige Spiele zu erfinden. Diese Rätsel sind auf eine clevere Art und Weise entworfen, damit sie aktiv lernen und daran Vergnügen finden.

Hat ihnen das Buch gefallen ?

Eine einfache Bitte

Unsere Bücher existieren dank der Rezensionen, die sie veröffentlichen. Können sie uns helfen indem sie jetzt eine Meinung hinterlassen ?

Hier ist ein kurzer Link, der Sie zu ihrer Bewertungsseite führt

 BestBooksActivity.com/Rezension50

MONSTER HERAUSFÖRDERUNGEN !

Herausförderung 1

Bereit für ihr Bonusspiel? Wir verwenden sie ständig, aber sie sind nicht einfach zu finden. Es sind die **Synonyme** !

Notieren sie 5 Wörter, die sie in den untenstehenden Rätseln (Nummer 21, 36 und 76) entdeckt haben und versuchen sie für jedes Wort 2 Synonyme zu finden .

Notieren sie 5 Wörter aus *Rätsel 21*

Wörter	Synonym 1	Synonym 2

Notieren sie 5 Wörter aus *Rätsel 36*

Wörter	Synonym 1	Synonym 2

Notieren sie 5 Wörter aus *Rätsel 76*

Wörter	Synonym 1	Synonym 2

Herausförderung 2

Jetzt, wo sie warm sind, notieren sie 5 Wörter, die sie in jedem der untenaufgeführten Rätseln entdeckt haben (Nummer 9, 17 und 25) und versuchen sie für jedes Wort 2 Antonyme zu finden. Wie viele davon können sie binnen 20 Minuten finden ?

*Notieren sie 5 Wörter aus **Rätsel 9***

Wörter	Antonym 1	Antonym 2

*Notieren sie 5 Wörter aus **Rätsel 17***

Wörter	Antonym 1	Antonym 2

*Notieren sie 5 Wörter aus **Rätsel 25***

Wörter	Antonym 1	Antonym 2

Herausförderung 3

Wunderbar, diese Monster Herausförderung 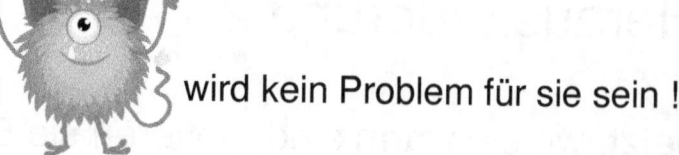 wird kein Problem für sie sein !

Bereit für die letzte Herausförderung? Wählen sie ihre 10 Lieblingswörter aus, die sie in einem Rätsel entdeckt haben und notieren sie sie unten.

1.	6.
2.	7.
3.	8.
4.	9.
5.	10.

Die Aufgabe besteht nun darin mit diesen Wörtern und in maximal sechs Sätzen einen Text herzustellen über eine Person, ein Tier oder ein Ort den sie lieben !

Tipp : sie können die letzten leeren Seiten dieses Buches als Entwurf verwenden

Ihr Schreiben :

NOTIZBUCH :

AUF BALDIGES WIEDERSEHEN !

Linguas Classics

KOSTENLOSE SPIELE GENIESSEN

GO

↓

BESTACTIVITYBOOKS.COM/FREEGAMES